SAINTES, IMPRIMERIE A. GAY ET Cie, COURS NATIONAL, 63
et 1, rue Delaage

DU MÊME AUTEUR :

Fratris ac Magistri Johannis a Rupella ex eo libro hactenus inedito cui *Summa de Anima* titulus inscribitur psychologicam doctrinam exprompsit Henricus Luguet, in-8 broché, 76 pages.

Essai d'Analyse et de Critique sur le texte inédit du *Traité de l'âme*, de Jean de La Rochelle, un fort volume in-8°, 491 pages.

Essai sur le Traité des Vices ou du Mal, de Jean de La Rochelle.

Essai sur le Traité des Vertus ou du Bonheur, de Jean de La Rochelle.

La Philosophie de Jean-Baptiste Duhamel et *la Philosophie* de Leibniz.

ÉTUDE
SUR LA
NOTION D'ESPACE
D'APRÈS
DESCARTES, LEIBNIZ ET KANT

THÈSE POUR LE DOCTORAT

SOUTENUE DEVANT LA FACULTÉ DES LETTRES DE PARIS

PAR

Henry LUGUET

—▶★◀—

« Eruimus interdum causas interiores et invisibiles,
sed non ideo intimas et omnes. »

(Leibnizii Epist. ad Burlingtom.)

—◆❄◆—

PARIS
A. DURAND ET PEDONE LAURIEL, ÉDITEURS
RUE CUJAS (ANCIENNE RUE DES GRÈS)
—
1875

ERRATA

A la page	Ligne	Au lieu de	Lisez
15	3	substence	substance
34	15	sceptique	sceptiques
48	6	d'une Espace	d'un Espace
49	12	représentative	représentative
76	5	sens interne	sens externe
128	11	à établir	d'établir
129	15	disivibilité	divisibilité
133	2	et il y a	il y a
133	22	qualité intensive	quantité intensive
145	6	à un caractère	a un caractère
154	2	représentative qui	représentative, qui
169	9	auxquelles elle sert de base	qui en dépendent
181	16	ces arguments	des arguments
181	23	qu'on lui rapporte	qu'on y rapporte
186	4	représenté	représentée
190	3	hyperorganique	hyperorganique
190	21	pare	par
203	10	rationel	rationnel
211	9	Helmhottz	Helmholtz
216	4	nos	mes

A MONSIEUR

ARMAND DU MESNIL,

DIRECTEUR DE L'ENSEIGNEMENT SUPÉRIEUR

HOMMAGE TRÈS RESPECTUEUX

DE RECONNAISSANCE ET DE DÉVOUEMENT.

ÉTUDE SUR LA NOTION D'ESPACE

D'APRÈS

DESCARTES, LEIBNIZ ET KANT

AVANT-PROPOS

La question de l'Espace est l'une des plus graves et des plus ardues de la Philosophie.

Non seulement mystérieux, mais encore inintelligible, sans activité, sans individualité, absolument pénétrable à tous les corps, cet être dont toutes les propriétés se réduisent à trois dimensions, semble pourtant indispensable à la connaissance du monde extérieur.

A peine abordez-vous le problème de l'Espace, vous voyez tous les principes se détruire les uns les autres, et les raisonnements abonder en contradictions. L'Espace semble divisible; l'on ne divise cependant l'Espace que par lui-même; il remplit lui-même ses propres intervalles, et nous contraint par là de renoncer à toute division. A peine l'a-t-on défini par l'un de ses attributs les plus clairs, au plus vite, il faut le lui retirer, ou tout est compromis.

Nous ne saurions penser sans le principe de la raison suffisante.

L'Espace pourtant donne un démenti à ce principe, en nous montrant des choses sans raison : deux corps semblables occupant un lieu différent. L'Espace enfin a le privilége de troubler la Raison humaine en lui offrant l'apparence de vérités irrationnelles. Grâce à cette notion, les jeux de l'esprit sceptique s'abritent sous un raisonnement difficile à réfuter. Achille et la tortue, la flèche des

Pyrrhoniens, sont des exemples tristement célèbres dans l'histoire de la Logique.

La plupart des Philosophes quand ils se sont demandé quelle est la nature de l'Espace, ont été rebutés par les difficultés de cet obscur problème ; ils ont renoncé à le résoudre. Pour les Scholastiques c'est un non-être. Pour Newton et Clarke c'est le *Sensorium* de Dieu, ou bien un être plus mystérieux encore que Dieu lui-même, dont il participe sans que l'on puisse dire en quoi, à moins de s'exposer aux erreurs les plus grossières. Hobbes l'appelle : fantasma existentis. Gassendi revient à l'opinion des Scholastiques. Schelling lui donne le nom assez étrange d'absolu relatif. Royer-Collard propose de le considérer comme la Matière-première des Péripatéticiens, matière dont l'être était tout en puissance et rien en acte. Hégel enfin déclare que pour créer l'Espace, la Raison sort d'elle-même ; critique sanglante de bien des systèmes y compris le sien !

Nous n'avons pas nommé jusqu'ici les trois grands philosophes des temps modernes : Descartes, Leibniz et Kant. Il est temps de recourir à eux. Peut-être nous diront-ils s'il faut se résigner à admettre quelque chose d'irrationnel dans la Raison.

———

I. DESCARTES

Méthode. — Point de départ. — Le Corps ; l'Étendue ; l'Espace. — Le Plein. — L'Infini. — La Méthode des Géomètres appliquée à la Métaphysique.

I. DESCARTES

Au sens de Descartes, les facultés les plus brillantes de l'esprit n'ayant de valeur que par la direction qu'on leur imprime, le succès dans la recherche de la vérité dépendra avant tout de la Méthode. Il semble que l'on puisse mesurer au degré de clarté des idées les progrès accomplis dans cette voie, où le *critérium* souverain de la vérité est l'évidence. Par conséquent, vue claire et distincte des Idées et des Principes par une même intuition rationnelle *(simplex mentis inspectio)*, tel est le premier moment de la Méthode. Une seconde opération consiste à répandre de proche en proche la lumière, par une déduction rigoureuse, jusqu'aux plus lointaines vérités.

En nous mêmes, nous trouvons les idées de pensée, d'étendue, de figure, de nombre, de mouvement, etc., etc. La raison et l'âme ont leur essence dans la pensée indépendante de ses modes, logiquement distincte des pensées particulières qui tombent sous le regard de la conscience, et lui empruntent leur lumière. Le dénombrement et l'étude de ces pensées de détail nous maintiennent au premier moment de la Méthode, avec cette différence, qu'ici, nous usons de l'intuition empirique, et non pas de l'intuition rationnelle ; mais enfin, nous ne sortons pas de nous mêmes, et nous n'en sommes pas encore à pratiquer la Déduction.

La transition du premier procédé au deuxième s'opère par la preuve de l'existence d'un être parfait, tirée de l'idée que nous en avons et par la preuve de l'existence des corps fondée sur notre tendance naturelle à attribuer un être réel aux idées d'Etendue, de Figure, de Couleur, d'Odeur, de Saveur et de Son, tendance qui fait partie de notre nature et ne peut nous tromper, parce que nous la tenons de Dieu lui-même.

Avons-nous une idée claire de la Matière ? Non, répond Descartes, si nous l'envisageons dans la multiplicité de ses attributs concrets. Oui, si nous écartons la confusion de ces modes pour ne considérer que l'idée qui leur survit.

Qu'on se rappelle le célèbre passage de la IIe Méditation. Descartes a remarqué dans un morceau de cire les qualités citées plus haut. Mais on approche du feu ce morceau de cire ; que se passe-t-il ? « Ce qui y restait de saveur s'exhale, l'odeur s'évapore, la couleur se change, sa figure se perd, sa grandeur augmente ; il devient liquide, il s'échauffe, à peine peut-on le manier, et, quoique l'on frappe dessus, il ne rendra plus aucun son. La même cire demeure-t-elle encore après ce changement ? Il faut avouer qu'elle demeure, personne n'en doute, personne n'en juge autrement. Qu'est-ce donc que l'on connaissait dans ce morceau de cire avec tant de distinction ? Certes, ce ne peut-être rien de tout ce que j'y ai remarqué par l'entremise des sens, puisque toutes les choses qui tombaient sous le goût, sous l'odorat, sous la vue, sous l'attouchement et sous l'ouïe, se trouvent changées, et que cependant la même cire demeure ». (1)

Ce qui restera de cette cire après tous ces changements, sera véritablement le corps lui-

(1) V. Edit. Garnier, t. 1 p. 107.

même. Or nous ne trouvons que les trois dimensions qui constituent à la fois l'étendue et l'essence du corps. (1)

Il faut croire, peut-être, que pour Descartes cette idée est innée, quoiqu'il ne le dise pas en propres termes. Ne semble-t-il pas nous y autoriser, en effet, en classant parmi les notions communes les idées de Nombre, d'Ordre, de Durée, qui ont les mêmes caractères que la notion d'Etendue. Il s'ensuit naturellement que toutes les propriétés des corps, tous les phénomènes naturels doivent avoir été déduits de cette notion. — De là les conséquences suivantes : puisque les différences spécifiques des corps se ramènent à des modifications de l'Etendue, l'Etendue est partout et toujours de même nature ; il n'y a qu'une matière, qu'un Espace;

---

(1) C'est ici la mise en pratique de cette Méthode par laquelle il tend toujours à remonter du relatif à l'absolu : « J'appelle absolu tout ce qui est l'élément simple et indécomposable de la chose en question, comme par exemple, tout ce qu'on regarde comme indépendant, cause, simple, universel, un, égal, semblable, droit, etc. et je dis que ce qu'il y a de plus simple, est ce qu'il y de plus facile et ce dont nous devons nous servir pour arriver à la solution des questions. »
(Règles pour la direction de l'Esprit IV.)

« Or, tout consiste à chercher toujours ce qu'il y a de plus absolu..... dans les corps mesurables, l'absolu, c'est l'étendue ; mais dans l'étendue, c'est la longueur, etc. »

l'Espace est plein ; il est infini. Cette étendue est indéfiniment divisible, et si vous y ajoutez le Mouvement, vous avez le Monde.

Outre l'Etendue pure, dont nous avons une idée claire, Descartes reconnaissait sans doute une étendue sensible, objet de la sensation ou de la fantaisie, distincte de l'Espace à trois dimensions, objet de l'intellection pure ; la première, idée innée : la seconde, idée adventice. Nous verrons plus tard que la couleur et la résistance sont subjectives, selon Descartes ; or la couleur et la résistance sont inhérentes à une étendue qui doit, elle aussi, être considérée comme une modification du sujet. Si l'auteur des Méditations ne parle pas de cette étendue sensible, c'est qu'il la considère peut-être comme une simple apparence, idée ou imagination obscure, confuse, sentiment de l'âme qui ne nous renseigne en rien sur la véritable nature des corps.

Pour Descartes, Corps, Etendue, Espace sont synonymes, avec cette réserve que le terme espace désigne le genre ou l'espèce, et le terme corps : l'individu. Prenez une pierre, et faites abstraction de tout ce qui s'y rapporte : dureté, couleur etc., qui ne sont pas dans la pierre comme nous le pensons ; la pierre ne changera pas de nature pour paraître tantôt chaude et tantôt froide. La pierre nous donne l'idée d'un corps parce que c'est une substance étendue en longueur largeur et épaisseur. Telle est précisément l'essence de l'Espace. Il n'y a point absurdité pourtant à dire que le corps est dans l'Espace, puisque l'Espace n'est que le corps lui-même. De la même façon que les parties prises ensemble sont dites résider dans le tout, sans être autre chose cependant que le tout, et le corps est dit fait de matière, quoiqu'il ne soit pas séparé de la matière ; ainsi, l'espace n'est détaché du corps que par un travail de la pensée et un effort d'abstraction.

L'essence de l'Espace est donc dans l'Etendue commune à tous les corps. D'après une locution vulgaire, le corps abandonne son lieu ; mais à proprement parler, il ne l'abandonne pas. En réalité, un corps ne saurait jamais être séparé de son espace ; il le transporte du lieu qu'il abandonne à celui qu'il va occuper, ou si l'on aime mieux, il emporte avec lui sa propre étendue. Ainsi, le lieu intérieur ou l'Espace, et le corps qui le contient, ne diffèrent que dans notre pensée.

L'Etendue en longueur largeur et épaisseur constituant à la fois l'essence du corps et l'essence de l'Espace, si nous percevons cette étendue, elle s'appelle vulgairement corps ; si nous ne la percevons pas, elle reçoit le nom d'Espace. Dans l'un et dans l'autre cas c'est toujours, pour Descartes, un corps.

Nous ferons remarquer en passant l'analogie de cette étendue mobile avec le *troisième genre* auquel Platon ne veut attribuer ni l'être ni le non être. (1) Ce troisième genre ne tombe ni sous le sens de la vue, ni sous le sens du toucher; mais, est-il modifié par le mouvement, il devient tour à tour le feu, l'air, l'eau, la terre. On n'aurait pas non plus grand peine à mettre d'accord avec Aristote le philosophe français qui voyait la différence des corps dans l'arrangement divers des particules matérielles, et composait le monde d'une matière unique revêtant trois formes : la terre, l'air et le feu.

---

(1) V. Hemp. Ed. H. Steph. t. II p. 479.

Descartes traitait durement les philosophes qui admettent un espace immobile, nécessaire, survivant à l'anéantissement des corps; c'est, dit-il une conception fausse, chimérique, née de nos préjugés. Pour un philosophe, ces mots : lieu, espace, ne désignent que la grandeur, la figure et la situation d'un corps parmi les autres. Il n'y a dans l'Univers aucun point de l'Espace immobile, et jamais le lieu d'un corps n'est absolument fixe et stable; il ne l'est que par une fiction de l'esprit. Le mouvement consiste en pures relations de parties plus ou moins voisines et distantes. Un tel changement convient aussi bien au corps en repos qu'à celui qui s'en éloigne : Le mouvement est partout, même dans un corps en repos. — Quant à l'étendue ou espace privé de corps qui le remplisse ; quant au vide en un mot, c'est une chose contradictoire. Ce vide est-il étendu? C'est un corps par le fait qu'on lui accorde cet attribut; mais en même temps il n'est pas corps, par hypothèse, à moins que le nom qu'on lui donne n'ait aucun sens.

Les partisans d'Epicure et les Newtoniens, d'accord sur cette question, disaient aux Cartésiens : Mais, dans ce plein, le mouvement est impossible. Comment les corps pourraient-ils se mouvoir sans une pénétration mutuelle de leurs parties? Le corps le plus subtil est toujours composé d'atomes qui laisseront entre eux des intervalles, à moins d'être de forme cubique; mais dès le premier mouvement les intervalles se produiront. Comment expliquer d'ailleurs la condensation et l'expansion? Par l'éther? Si l'éther lui-même est susceptible de se dilater, quel corps remplira les intervalles? Nous tombons dans le progrès à l'infini. Beaucoup de philosophes d'ailleurs considéraient l'existence du vide comme bien établie par le fait de la nutrition des plantes et des animaux ; l'élévation de l'eau à trente-deux pieds dans les corps de pompe, et enfin l'espace abandonné par la colonne de mercure.

Le Maître avait répondu à l'objection du mouvement dans le plein par l'exemple des globes qui tournent en cercle. Sans trop approfondir la valeur de la réponse, il revenait aux principes, et de là s'avançait hardiment jusqu'aux conséquences les plus paradoxales aux yeux de ses adversaires.

Ceux-ci semblaient triompher en mettant les Cartésiens en demeure d'admettre le vide, ou de déclarer que Dieu n'est pas tout-puissant. Ce serait le cas en effet, si Dieu ne pouvait anéantir l'air compris entre les parois d'une chambre. Alors les Cartésiens de répondre par l'organe du Maître : « Nous observerons contre cette erreur grossière, qu'il n'existe aucun rapport nécessaire entre le vase et le corps qui le remplit, mais que telle est l'invincible nécessité du rapport existant entre la figure concave du vase et l'étendue comprise dans cette concavité, qu'il n'est pas plus difficile de concevoir une montagne sans vallée que cette concavité sans étendue propre, et cette étendue sans une chose étendue. Le néant, comme nous l'avons fait observer déjà, ne peut être étendu. C'est pourquoi si l'on nous fait cette question : qu'adviendrait-il, dans le cas où Dieu détruirait la matière contenue dans un vase, sans la remplacer ? Nous devons répondre que les parois de ce vase se rapprocheraient jusqu'au contact : lorsque rien n'est entre eux, deux corps se doivent toucher. En effet, n'y aurait-il pas contradiction, la distance n'étant rien et n'existant pas, que ces deux corps fussent séparés, c'est-à-dire qu'il y eut distance de l'un à l'autre ? La distance est une propriété de l'étendue ; son existence est attachée à celle de l'étendue (1) » Ils ajoutaient qu'il fallait être bien en peine de raisons pour aller mettre en cause la toute-puissance divine. C'est que l'espace vide n'est qu'un vain mot, une pure négation, un non être qui ne saurait posséder aucune propriété, dont on ne peut avoir aucune connaissance, aucune idée, pas même en rêve. Au lieu de se retrancher dans une fin de non-recevoir, les Newtoniens qui ne trouvaient rien de mieux en faveur du vide, que de le présenter comme l'indispensable postulat des lois découvertes par le chef de leur École, auraient du forcer leurs adversaires à analyser plus rigoureusement leur pensée, en répondant que s'il ne leur était pas facile, à vrai dire, de donner une idée de leur espace pur, à la fois étendu et privé de toute substance corporelle, il ne paraissait pas plus aisé à Descartes d'élucider cette notion d'étendue, si souvent invoquée, et qu'il définissait grâce à cette tautologie : c'est la propriété

(1) *Principes de la Philosophie*, part. XVIII.

par laquelle les corps ont des parties les unes en dehors des autres.

Quant à l'argument tiré de la vérification des lois newtoniennes, peut-être le système de Descartes, bien compris et mis au niveau de la science contemporaine, lui réserve-t-il une réponse aussi péremptoire que celle des faits de l'ondulation au système de l'émission.

La doctrine cartésienne du plein avait pour conséquence forcée une théorie de l'infinité du monde. Si tout est plein ; s'il n'y a rien en dehors du plein ; si tout ce qu'on imagine est compris dans l'étendue de l'univers, les espaces imaginaires sont écartés, et, avec eux, des difficultés considérables. Aussi Descartes revient-il à plusieurs reprises sur ce point important :

« Nous saurons également que ce monde, ou la matière étendue qui compose l'univers, est sans limites ; en effet, si loin que nous placions ces limites, nous pouvons examiner au-delà des espaces indéfiniment étendus ; et ces espaces, non-seulement nous les imaginons, mais nous concevons qu'ils existent réellement tels que nous les imaginons, de sorte qu'ils contiennent un corps indéfiniment étendu ; puisque l'idée de l'étendue que nous concevons dans tout espace est l'idée vraie que nous devons nous former d'un corps (1). »

Cette citation importante nous montre les deux traits principaux de la doctrine cartésienne sur l'Espace :

Confusion de l'Étendue avec le Corps ;

Passage gratuit de l'ordre imaginaire à l'ordre réel.

Nous verrons plus tard que l'intermédiaire indispensable de nos rapports avec la matière n'étant autre que l'étendue, nous n'avons qu'à en écarter l'idée pour que la notion précise de corps s'évanouisse, en quelque sorte, dans la notion trop générale d'être ou de substance. En faut-il conclure qu'il n'y a dans les corps autre chose que l'étendue ? C'est aller trop loin (2).

---

(1) Principes de la Philosophie, part. XXI.

(2) Dans sa curieuse discussion avec H. Morus, Descartes lui reproche de définir la matière par la tangibilité et non pas par l'Etendue, c'est-à-dire de la considérer par rapport à nos sens et non pas dans son essence qui est indépendante. Etait-ce là, en vérité, s'éloigner beaucoup de la doctrine scholastique d'après laquelle l'objet de l'entendement est l'essence de la chose, *quidditas*, dont les représentations sensibles ne nous disent rien ?

Nous ne saurions imaginer ou concevoir un corps inétendu ; s'ensuit-il que l'étendue soit l'essence même du corps ? Non ; il suit seulement que l'étendue est une propriété nécessaire à la compréhension de l'idée de corps. Pour affirmer l'identité des deux termes, il ne faudrait ni plus ni moins que posséder l'idée de corps au même titre que l'idée d'étendue. Mais, en dehors de cette dernière idée, nous n'avons sur le monde corporel que les informations dues aux sens, et nous revenons encore ici à l'étendue, base nécessaire de toutes nos sensations. Accordons, toutefois, à l'auteur des *Principes de la Philosophie* que l'Étendue est l'essence même des corps ; nous n'en dirons jamais rien, ou nous la définirons la propriété que possèdent les corps d'avoir des parties les unes en dehors des autres. L'étendue de la substance corporelle n'est d'ailleurs possible qu'à une condition : c'est que les parties du corps soient en contact immédiat. Or, essayons de concilier ceci avec la divisibilité à l'infini admise par Descartes. Les corps étant composés d'un nombre infini de parties, chacune sera séparée d'une autre par une infinité de parties intermédiaires ; de là, l'impossibilité même du contact. La substance étendue est composée de parties ; pour admettre que les parties d'un corps sont en nombre infini, il faudrait démontrer d'abord qu'un tel nombre est possible. Et, d'ailleurs, un nombre infini de parties ne constituerait-il pas un tout infini ? Si chaque corps est infini, aucun ne peut être dit plus grand qu'un autre. La partie n'est pas plus petite que le tout. Prétendre se tirer de là en disant que les parties de l'étendue sont en nombre indéfini, c'est confondre les choses abstraites et possibles avec les choses concrètes et actuelles. Tout ce qui est actuellement existe d'une manière définie et possède un nombre limité de parties, à moins que ces parties ne soient considérées comme en puissance ; mais alors l'indéfini des Cartésiens ne serait autre que l'infini syncatégorématique des Docteurs du Moyen-Age.

La notion du Continu, disent les Cartésiens, exige qu'il soit divisible à l'infini. C'est là, précisément, la question qu'il s'agit de résoudre, et c'est cette question même qu'ils posent en principe, ne voyant pas qu'ils s'exposent à tomber dans les contradictions qui naissent de la considération des points mathématiques.

Tous les corps seront immobiles. Si, par impossible, un corps se mouvait, on aboutirait à cette absurde conséquence, qu'il remplirait plusieurs lieux à la fois, serait en même temps et ne serait pas là où il est. Un corps en mouvement, ne devrait pas pouvoir toucher une partie postérieure avant la partie antérieure du lieu ; mais dans une série infinie, l'antériorité et la postériorité sont choses inconnues. — De ce que les mêmes difficultés sont communes aux deux doctrines, ne pouvons-nous pas conclure qu'au fond, ces doctrines sont identiques?

En effet, Descartes est avant tout, un grand Mathématicien. Il l'avoue dans les *Principes de la Philosophie*, c'est en Géomètre qu'il étudie la nature (1). Mais quelle erreur de placer

---

(1) « Omnia apud me mathematice fiunt. » « Plane profiteor me nullam aliam rerum corporearum materiam agnoscere, quam illam omnimodo divisibilem, figurabilem et mobilem, quam geometræ quantitatem vocant, et pro objecto suarum demonstrationum assumunt, ac nihil plane in ipsa considerare præter ipsas divisiones, figuras et motus, nihilque de ipsis ut verum admittere, quod non ex communibus illis notionibus, de quarum veritate non possumus dubitare, tam evidenter deducatur, ut pro mathematica demonstratione sit habendum. Et quia sic omnia naturæ phænomena possunt explicari, ut in sequentibus apparebit, nulla alia physicæ principia puto esse admittenda nec alia esse optanda. » (Princip. phil. III, 46.)

dans la quantité, stérile par elle-même, la nature qui est un principe d'action ; et quel abus de transporter aux choses concrètes des conceptions mathématiques et abstraites ! Que les trois dimensions constituent l'essence corporelle ou l'étendue, on peut l'accorder ; à la condition qu'il s'agisse de l'essence mathématique. Le corps n'existe pas, à part des trois dimensions, sans doute ; mais suffit-il de concevoir les trois dimensions pour dire qu'il y a là un corps et une quantité réelle ? Les spéculations du géomètre portent sur la quantité séparée de la matière ; mais cette quantité n'existe nulle part telle qu'il la conçoit. Prendre l'extension pour la substance étendue, c'est mettre les mots à la place des choses. Où trouve-t-on les points et les lignes ailleurs que dans l'esprit du Mathématicien ? Etrange procédé, en vérité, qui consiste à ne pas tenir compte de ce qui existe dans la nature, pour attribuer ensuite à la nature les fictions de l'esprit humain !

Cette Etendue, enfin, dont le nom revient si souvent dans le langage des Géomètres, est-elle mathématique ou physique ? Si elle est mathématique, qu'ils la gardent dans le domaine de la science abstraite. Si elle est physique, qu'ils ne parlent plus de surfaces sans profondeur, de lignes sans largeur, et de points sans étendue.

En faisant le monde infini, Descartes évitait bien des questions importunes, mais il en provoquait auxquelles il n'était guère plus facile de répondre. Lui-même l'a bien compris, on s'en aperçoit de reste, à ses demi-explications, à ses réticences, à ses tergiversations, toutes les fois qu'il s'agit de l'Infini qu'il voudrait distinguer de l'Indéfini; « Il n'y a que Dieu que je conçoive positivement infini; pour le reste, comme pour l'étendue du monde, le nombre des parties divisibles de la matière et autres semblables, j'avoue ingénuement que je ne sais point si elles sont absolument infinies ou non; ce que je sais, c'est que je n'y connais aucune fin, et, à cet égard, je les appelle indéfinies (1). »

Combien de fois a-t-il hésité avant d'accorder franchement l'étendue infinie du monde ! Qu'on

---

(1) V. Rép. à H. Morus, Edit Cousin, p. 200 t. x. — Cf. Lettre à Chanut (Id. ib. p. 47.) — Cf. Remarques sur les *Principes* (Œuvres inédites de de Descartes, publiées par M. Foucher de Careil, 1ʳᵉ partie, p. 68.)

on juge, à la lecture de l'aveu le plus explicite qui soit jamais sorti de sa plume.

« Notre esprit ne peut concevoir que le monde ait des bornes, et, par cette raison, nous l'appelons indéfini ou indéterminé ; car nous n'avons pas d'autre règle que notre propre perception pour les choses que nous devons affirmer ou nier. Et si nous n'osons l'appeler infini, c'est que nous concevons Dieu plus grand sous le rapport de la perfection sinon sous celui de l'Etendue, puis qu'il n'y a pas en lui d'étendue proprement dite. » (1).

Pourquoi donc dire ailleurs : « N'ayant aucune raison pour prouver, et même ne pouvant concevoir que le monde ait des bornes, je le nomme *indéfini* ; mais je ne puis nier pour cela qu'il n'en ait peut-être quelques-unes qui sont connues de Dieu, bien qu'elles me soient incompréhensibles : c'est pourquoi je ne dis pas absolument qu'il est *infini*. (2)

Sans vouloir traiter la question de la possi-

1 Lettres à H. Morus 1, 69.

2 T. X. p. 47.

bilité du nombre actuellement infini nous ferons remarquer qu'un nombre de cette nature ne doit pas pouvoir être agrandi. Nous ne saurions donc trouver la représentation exacte d'un infini absolu dans une expression algébrique ou géométrique quelle qu'elle soit. Ainsi, $\frac{2a}{0}$ et $\frac{na}{0}$ seront toujours au-dessus de $\frac{a}{0}$.

Qu'une ligne prolongée à l'infini nous donne un nombre infini de mètres, il n'en est pas moins vrai que le nombre de décimètres, de centimètres et de millimètres sera de dix en dix fois plus considérable.

Dans un nombre, même infini, les unités représenteront toujours une quantité double de celle des binaires. Si ce nombre de binaires est infini, il sera à une distance infinie d'un autre infini. Si le nombre des binaires était fini, celui des unités devrait l'être, puisqu'il est le double du premier. Ce n'est pas d'ailleurs en acquérant une quantité finie que le nombre d'unités atteindrait jamais l'infini. Nous pouvons faire couper deux à deux, en un point, des lignes prolongées à l'infini avec des ouvertures d'angles différentes pour obtenir des infinis plus grands les uns que les autres.

Une seule hypothèse, à vrai dire, nous permet de réaliser notre conception, c'est celle d'un solide infini dans toutes ses dimensions. Mais une semblable hypothèse repose sur une autre, à savoir qu'il n'y a d'autres êtres que les êtres étendus. Les Cartésiens ne l'admettraient certainement pas, et ils n'auraient pas de peine à voir que l'idée générale d'être fait penser à un nombre plus élevé que le premier.

En supposant même que non-seulement aucune impossibilité intrinsèque n'empêche Dieu de réaliser une échelle infinie des êtres qui témoignerait de son infinie puissance; mais que cette conception cadre mieux avec l'idée que nous avons de la divinité, toujours est-il que les êtres finis sont sujets au changement, au mouvement, à moins que l'on accepte l'absurdité d'un mouvement coexistant dans ses différentes parties et dans les états divers qui s'ensuivent. Ne suffit-il pas enfin que la loi des actes intellectuels soit la succession, et que les intelligences puissent compter ces actes dans leur conscience pour que le nombre infini ne se réalise jamais ? (1)

Lorsque Descartes parle d'indéfini, il emploie un terme relatif à la portée de l'esprit, mais qui perd toute valeur dès qu'il s'agit des choses. Que nous ne puissions mentalement assigner de limites à l'étendue des mondes, nous l'accordons. Mais il s'agit de savoir si, dans la réalité, ces limites existent oui ou non. Lors donc qu'après bien des ambages, Descartes se décide à transporter l'infini des concepts à l'infini du monde, il franchit un abîme ; nous le perdons de vue, et nous ne pouvons le suivre. En ne distinguant pas l'indéfini de l'imagination, pour laquelle le monde n'a pas de bornes assignables, de l'infini propre à l'entendement, faculté, qui embrasse non-seulement le monde actuel, mais les mondes possibles, et les déclare nuls au regard de l'étendue intelligible de la pensée divine ; en parlant d'un infini matériel

1 Comment donc expliquer la tendance si naturelle de l'esprit à rapprocher deux termes réellement inconciliables : nombre et infini ? Peut-être vient-elle de ce que l'idée de nombre implique l'idée de limite, et de négation d'une certaine limite. La notion de nombre infini naîtrait alors de la considération du nombre en général, et de l'exclusion de toute limite en général. Il est bien évident que le produit assez bizarre de cette double abstraction ne peut rien trouver qui lui corresponde dans des objets déterminés.

et absolu, il fait partager à l'univers ou à l'étendue matérielle l'infinité de Dieu.

Résumons ce débat. Considérer l'étendue comme l'essence des corps, c'était résoudre la matière dans un de ses attributs, le plus important de tous, au dire de certains philosophes, celui qu'on en peut le moins détacher par l'abstraction. Cet attribut a pour modes : la grandeur, la figure, le mouvement, etc., qui ne sauraient être conçus sans une étendue qui en soit le sujet, tandis qu'on peut, au contraire, concevoir l'étendue sans ces modes. Il plaît à Descartes de les faire évanouir tous dans le morceau de cire, pour montrer que la seule réalité est l'idée que nous avons de ce corps. Mais cette idée c'est l'Étendue, seule essentielle au corps avec lequel elle se confond. Qu'est-ce à dire? L'Étendue est essentielle à l'étendue. Pourquoi ne pas ajouter que la chaleur est essentielle à la chaleur et la lumière à la lumière? Ces qualités ne faisant d'ailleurs que se modifier au lieu de disparaître, elles seront toutes également essentielles à la matière.

Descartes avait dit : « Donnez-moi de l'Étendue

et du Mouvement, et je ferai le monde. » Lorsqu'il réduisit la notion de Corps à la notion d'Espace, ne sembla-t-il pas se contredire ? L'espace serait donc le corps inerte ? l'étendue à laquelle se joint la figure ? Mais tel n'est pas le monde des corps. L'esprit ne comprend l'univers et la matière que si leur force provoque sa réaction. Le mouvement qui, pour nous, constitue le monde est, ou bien le mouvement réel, la force qui anime les corps et se manifeste à la force consciente que nous sommes; ou bien le mouvement idéal que nous leur prêtons toujours, alors même que leur force et leur mouvement réel ne se font pas sentir à nous.

Enfin, l'Espace n'étant autre chose que les Corps et leur ensemble, le Monde; d'un autre côté, le monde s'étendant à l'infini, il faut expliquer la coexistence de deux infinis : le Monde et Dieu. Spinoza viendra dire, lui aussi, que tout corps est un mode de l'étendue, et prenant l'étendue elle-même pour un mode de la substance absolue ou de Dieu, il verra dans chaque corps un développement nécessaire de la substance divine. Le corps, dira-t-il, est « *un mode qui exprime d'une certaine façon déterminée l'essence de Dieu, en tant que l'on considère Dieu comme chose étendue* (1). » Une autre fois il exprimera la même idée dans des termes plus crus encore : « *Extensio attributum Dei est, sive Deus est res extensa.* » (2).

Ces conséquences de la méthode géométrique appliquée à outrance, Descartes semble les avoir prévues et redoutées, ainsi qu'en témoigne sa réponse aux auteurs des Sixièmes Objections. Ceux-ci lui demandaient avec instance une exposition rigoureuse des Méditations d'après la méthode des géomètres « afin, disent-ils, que tout d'un coup et comme d'une seule œillade, vos lecteurs puissent y voir de quoi se satisfaire, et que vous remplissiez bien leur esprit de la connaissance de la divinité. » Descartes finit par y consentir, mais non sans faire ses réserves ; car il voyait bien qu'en Métaphysique il y avait une difficulté plus grande à saisir distinctement les premières notions, qu'à déduire rigoureusement les conséquences des principes. Si cette

---

(1) Ethiq. Part. II, déf. 1. — (2) Ethiq. Part. II, prop. 2.

forme et cette Méthode séduisit certains esprits, et donna naissance aux systèmes les plus intempérants, il n'en est point responsable. Ici comme ailleurs, il avait recommandé l'usage et proscrit l'abus.

Il semble, au reste, que son vaste génie ait tout connu et tout soupçonné. Qu'il nous soit permis de terminer par cette remarque, dût-elle ôter de leur force aux objections que nous avons fait entendre. C'est à la fois l'occasion de rendre un juste hommage à l'esprit prodigieux du grand philosophe, et d'avertir les critiques intempérants qu'il est toujours prudent de faire ses réserves quand on attaque le vrai cartésianisme. Il ne faut pas non plus voir cette doctrine dans un seul ouvrage ; le langage des premières Méditations et du Traité des Passions diffère essentiellement. Si l'on en compare les divers passages, on voit Descartes hésiter à faire de la sensation un phénomène purement psychologique ou un phénomène purement mécanique. Dans ses études sur l'homme, une théorie mécanique des mouvements vitaux ne peut lui suffire, il devine que la chaleur vitale est la cause et la source de tous les mouvements : « Et afin qu'on ait d'abord une générale notion de toute la machine que j'ai à décrire, je dirai ici que c'est la chaleur qu'elle a dans le cœur qui est comme le grand ressort et le principe de tous les mouvements qui sont en elle. » (v. Edit. Cousin, t. IV, p. 432.)

Voici encore une autre déclaration bien explicite : « Je désire, dis-je, que vous considériez que ses fonctions suivent tout naturellement en cette machine de la disposition de ces organes, ni plus ni moins que font les mouvements d'une horloge, ou autre automate, de celle de ses contre-poids et des roues ; de sorte qu'il ne faut à leur occasion concevoir en elle aucune autre âme végétative ni sensitive, ni aucun autre principe de mouvement et de vie, que son sang et ses esprits agités par la chaleur du feu qui brûle continuellement dans son cœur, et qui n'est point d'autre nature que tous les feux qui sont dans des corps inanimés. » (Id. t. IV, p. 227).

Il est certes bien curieux de constater chez Descartes cette théorie du dynamisme thermal avant d'entendre les critiques adressées par Leibniz au pur Mécanisme.

II. LEIBNIZ

Ce que Leibniz doit aux philosophes français : Pascal, Bayle, Nicole, J.-B. Duhamel. — Matière et Principe substantiel. — Matière première et Matière seconde. — La Force. — La Monade. — Perception. — Aperception. — Appétit. — L'Étendue. — La Masse et l'Espace. — Défaut du langage de Leibniz. — Erreur de ses interprètes.

La correspondance avec Clarke. — L'Espace Sensorium de Dieu. — L'Espace attribut. — L'Espace substance. — Le Vide. — Le néant. — Le Principe des indiscernables. — Le Principe de l'universelle intelligibilité. — Côtés faibles de la critique leibnizienne. — Retour offensif de Clarke. — Esprit exclusif des deux adversaires quand ils se combattent.

II. LEIBNIZ

L'Espace confondu par Descartes avec le monde des corps, est pour Leibniz le rapport ou l'ordre des coexistants.

On a eu tort de voir l'origine de cette théorie dans la célèbre polémique avec Clarke. Il n'y eût là qu'une occasion de la produire sous une forme plus rigoureuse. La doctrine de l'Espace est une suite naturelle de la réaction de Leibniz contre la métaphysique cartésienne.

Descartes expliquait le monde par l'Esprit qui pense, la Matière qui est étendue, et Dieu qui communique au Monde le mouvement. L'univers est pour lui un vaste Mécanisme, parce qu'il a séparé les notions de Force et de Substance. Leibniz les réunit et lui oppose le Dynamisme.

Descartes avait montré le caractère subjectif de toutes les qualités des corps, en réservant toutefois l'Etendue.

Leibniz ne voit dans l'Etendue qu'un phénomène confus, une qualité de même nature que les autres.

La grande célébrité du Philosophe de Hanovre a fait croire à presque tous les historiens qu'il avait aperçu le premier les côtés faibles du système de l'auteur des Méditations. La vérité et la justice veulent qu'il partage cet honneur avec plusieurs philosophes français : Pascal, Nicole, Bayle et Jean-Baptiste Duhamel.

Il ne faut pas l'oublier, Pascal avant Leibniz envisagea l'infinité de la petitesse aussi bien que de la grandeur, et établit la relativité de la grandeur en général. Il se demande qu'est-ce que l'homme dans la nature, et répond : « Un néant à l'égard de l'infini, un tout à l'égard du néant; un milieu entre rien et tout. »

Avant Leibniz, Pascal avait, ni plus ni moins que G. Bruno, entendu faire du monde un infini pris au sens rigoureux des mathématiques. De là l'incompréhensibilité de cet univers dont le principe comme la fin sont à l'infini.

Bayle avoue que l'hypothèse d'une substance étendue mène à des difficultés insurmontables.

— En effet, il n'y a pas d'étendue sans le contact

immédiat des parties, et pas de contact entre des parties divisibles à l'infini. Il en conclut que le contact est purement idéal, comme les trois dimensions qui ne sauraient trouver place que dans notre esprit. « Notre esprit est un certain fond où cent mille objets de différente couleur de différente figure, et de différente situation se réunissent ; car nous pouvons voir tout à la fois du haut d'une côte, une vaste plaine où se trouvent des maisons, des arbres, des troupeaux, etc. ; or, bien loin que, dans l'hypothèse présente, toutes ces choses fussent de nature à pouvoir être rangées, dans une plaine, il n'y en a pas deux qui pussent y trouver place ; chacune demanderait un lieu infini, puisqu'elle contient une infinité de corps étendus ; il faudrait laisser des intervalles infinis autour de chacune, puisqu'entre chaque partie et toute autre, prises distributivement, il y aurait une infinité de corps. Qu'on ne dise pas que Dieu peut tout, car si les théologiens les plus dévots conviennent qu'il ne peut point faire que dans une ligne droite de douze pouces, le premier et le troisième pouce soient immédiatement contigus, je puis bien dire qu'il ne peut point faire que deux parties d'étendue se touchent immédiatement, lorsqu'une infinité d'autres parties les séparent l'une de l'autre. Disons donc que le contact des parties de la matière n'est qu'idéal ; c'est dans notre esprit que se peuvent réunir les extrémités de plusieurs corps. »

La pénétration des dimensions, qui est tout à fait impossible, deviendrait inévitable si l'on admettait la réalité de l'Etendue. Les partisans de l'étendue réelle sont donc pris entre les deux termes de cette contradiction : il n'est pas possible que les parties se touchent, et il est impossible qu'elles ne se pénètrent pas.

Il remarque en outre que sans être sceptique, les nouveaux philosophes ont compris les fondements de l'époque ou suspension du jugement par rapport aux sons, aux odeurs, au froid et au chaud, à la dureté et à la mollesse, à la pesanteur et à la légèreté, aux saveurs, aux couleurs etc., qu'ils enseignent que toutes ces qualités sont des perceptions de notre âme, et qu'elles n'existent point dans les objets de nos sens. « Pourquoi, ajoute-t-il, ne dirions-nous pas la même chose de l'Etendue ? Si un être qui n'a aucune couleur nous paraît pourtant sous une couleur déterminée quant à son espèce, à sa figure et à sa situation, pourquoi un être qui n'aurait aucune étendue, ne pourrait-il pas nous être visible sous une apparence d'étendue déterminée figurée et située d'une certaine façon ?

Il invoque les raisons alléguées par Nicole, disant que le même corps paraît petit ou grand, rond ou carré, selon le lieu d'où on le regarde ; qu'un corps très-petit pour nous paraît fort grand à une mouche. Ce n'est donc point par leur étendue propre, réelle et absolue que les objets se présentent à notre esprit : on peut donc conclure qu'en eux-mêmes ils ne sont point étendus. Oseriez-vous, dit-il, raisonner aujourd'hui de cette façon : Puisque certains corps paraissent doux à celui-ci, et amers à celui-là, je dois assurer qu'en général ils sont savoureux, encore que je ne connaisse pas la saveur qui leur convient absolument, et en eux-mêmes ; tous les nouveaux philosophes vous siffleraient. Pourquoi donc oseriez-vous dire : Puisque certains corps paraissent grands à cet animal, médiocres à cet autre, très-petits à un troisième, je dois assurer qu'en général ils sont étendus, quoique je ne connaisse pas leur étendue absolue.

Enfin, des démonstrations géométriques qui battent en brèche l'idée du continu composé de points, et du continu divisible à l'infini, il conclut à l'existence idéale de l'Etendue.

Au passage de Nicole déjà cité, Bayle pourrait en ajouter un autre où il considère la grandeur comme essentiellement relative :

«... On peut bien savoir par les sens, qu'un corps est plus grand qu'un autre corps; mais on ne saurait savoir avec certitude quelle est la grandeur véritable et naturelle de chaque corps ; et pour comprendre cela, il n'y a qu'à considérer, que si tout le monde n'avait jamais regardé les objets extérieurs qu'avec des lunettes qui les grossissent, il est certain qu'on ne se serait figuré les corps et toutes les mesures des corps, que selon la grandeur dans laquelle ils nous auraient été représentés par ces lunettes ; or nos yeux même sont des lunettes, et nous ne savons point précisément s'ils ne diminuent point ou n'augmentent point les objets que nous voyons, et si les lunettes artificielles que nous croyons les diminuer ou les augmenter, ne les établissent point au contraire dans leur grandeur véritable ; et partant on ne connait point la grandeur absolue et naturelle de chaque corps. »

Il avoue, en outre, que tout en convenant d'une même mesure, les hommes peuvent la voir chacun d'une grandeur différente.

Enfin, J. B. Duhamel qui exerça sur le développement intellectuel de Leibniz une influence considérable, a osé critiquer le mécanisme cartésien et faire l'apologie du dynamisme longtemps avant le philosophe de Hanovre :

« Atque hoc idem mihi Cartesius quod vulgares philosophi videtur peccare : ille enim geometriæ assuetus, mathematica, hi vero metaphysicam ad naturæ explicationem transferunt ; ille ad mechanicas et geometricas leges rerum omnium naturas et motus revocat. » (1)

Il accuse Descartes de commettre une faute

---

(1) V. de Consensu veteris et novæ philosophiae.

égale à celle des Péripatéticiens qui expliquent les essences des corps en les rapportant à leurs conceptions générales.

Dans les deux cas ce sont des abstractions :

« Quocirca longe probabilius est quaeque corpora variis instructa dotibus, non tam figuris, aut quantitate, quam natura et *viribus* esse diversa : neque hic excutiendum puto utrum quantitas sit quaedam res a corporis substantia distincta : id enim alium locum postulat : hoc unum contendimus essentiam corporis in quantitate vel figura non consistere (1). »

Il a peine, il est vrai, à adopter l'opinion cartésienne de la subjectivité des sensations :

« Hinc alia oritur quaestio, an qualitates sensibiles sint ejusmodi, ut a sensibus percipiantur : an potius ex sensuum apprehensione notiones, et nomina sua mutuentur : adeo ut nullus sit color nisi videatur ; nullus sonus, nisi auditûs organum aer verberet. Quod si enim e corpore

---

(1) Id. ib. p. 147. — Il s'interroge sur la nature et la caractérise en disant : Nihil aliud est profecto quam internum et corporeum agendi, patiendi, et cessandi principium.

sensibili nihil quam motus, vel impulsus in sensus illabitur, profecto nullus erit color, nulla omnino sensibilis qualitas, nisi cum ea sensuum organis actu imprimitur. Sic duorum inter se corporum conflictio non est sonus, sed cum ex illa conflictione aer tenuissimus auris tympanum afficit. Atque ubi non est qui audiat, ibi nec sonus, sed tantum aeris motus occurrit. Sic *iridis* aut trigoni vitrei colores nulli sunt, nisi adsit spectatoris oculus, quum radii refracti subeuntes, ut tales percipiat colores, determinant (2). »

Nous lisons, dans le *de Corpore animato*, un passage qui rappelle la définition de l'Espace par Leibniz. Il est question du mouvement :

« Motus restat qui percipitur vel ex oculi motu, dum rem visam ex loco in locum translatam subsequitur; vel ex motione imaginis ex retina; vel denique ex collatione quadam objecti mobilis ad alia circumposita; non enim aliter locum apprehendimus quam *penes rei ordinem ad*

---

(2) Id. Ib. p. 83.

vicina corpora, quæ ut immota judicantur (1). »

A l'exemple de Bayle et d'Arnauld, Leibniz attaque l'Étendue essentielle ; il raille la confiance des Cartésiens, qui s'obstinent à y voir une idée claire; il montre que l'Étendue elle-même, avec le Mouvement et la Figure ne sont que des apparences (2), et institue une compa-

---

(1) V. p. 276. — Nous ne poussons pas plus loin ces rapprochements parce qu'on peut les trouver dans notre ouvrage intitulé : *la Philosophie de J.-B. Duhamel et la Philosophie de Leibniz*. — Nous remarquerons seulement que la lettre à Thomasius est l'un des premiers documents où commence à percer une disposition hostile au Cartésianisme, et une tendance à réhabiliter la doctrine péripatétique. A propos du Vide, Leibniz laisse échapper cet aveu dans la lettre précitée : « *Vidi nuper Johannis Baptistae Duhamel, eruditi Galli, librum de consensu veteris et novae philosophiae, Parisiis non ita pridem editum, ubi celeberrimorum aliquot veterum et recentiorum hypotheses et exposuit eleganter, et saepe acute dijudicat. Is quoque de divortiis circa vacuum non pauca habet.* » (Erdm. p. 49.)

Leibniz dit ailleurs : « J'ai été frappé d'un nouveau système. Depuis, je crois voir une nouvelle face de l'intérieur des choses. Ce système parait allier Platon avec Démocrite, Aristote avec Descartes, les scholastiques avec les modernes, la théologie et la morale avec la raison. Il semble qu'il prend le meilleur de tous côtés, et qu'après il va plus loin qu'on n'est allé encore. »

A la lecture de ce passage, tous ceux qui connaissent les œuvres de Duhamel y reconnaîtront les traits principaux qui caractérisent l'esprit éminemment conciliateur dont il a toujours fait preuve, mais qui se fait remarquer surtout dans le *de Consensu veteris et novae philosophiae*.

Recueillons enfin un autre témoignage conçu dans des termes non moins explicites: « *Si Parisiis egissem pueritiam ut Pascalius, forte maturius ipsas scientias auxissem.* » (Ed. Erdm. p. 163.)

(2) «*De corporibus demonstrare possum non tantum lucem, calorem, colorem et similes qualitates esse apparentes, sed et motum et figuram et extensionem. Et si quid est reale, id solum esse vim agendi et patiendi; adeoque in hoc, tanquam in materia et forma substantiam corporis consistere, quae corpora autem formam substantialem non habent, ea tantum phaenomena esse, aut saltem verorum aggregata.*» (De modo distinguendi phaenomena realia ab imaginariis. — E. MMss. Leibnizianis in bibl. reg. Hanoverana asservatis.)

raison entre leur phénoménalité et la réalité de la Force, qui se présente sous deux faces : action et passion. Entrant dans la voie ouverte par J.-B. Duhamel, il fait l'apologie des formes substantielles bien comprises. Celui-ci, pour montrer l'importance des notions de Matière et de Forme, les avait retrouvées jusque dans le système cartésien, qui était censé les avoir bannies à jamais. Leibniz, lui aussi, veut que la substance du corps soit constituée par la Matière et la Forme ; il considère les corps dénués de forme substantielle comme des phénomènes, ou tout au plus des assemblages de réalités.

On connaît la comparaison du moulin et de l'horloge :

« Si nihil organico adesset quam machina, i. e., materia nuda, loci magnitudinis et figuræ varietates habens, nihil aliud inde deduci et explicari posset quam mechanismus i. e. tales quales diximus varietates. Nam ex unaquaque re nude sumpta, nihil deduci et explicari potest, quam attributorum varietates. Hinc etiam facile judicamus in molendino aliquo, vel horologio nudo sumpto, nullum reperiri principium percipiens quid ipso fiat ; et nihil refert solida sint an fluida, vel ex utrisque composita quæ in machina habentur. Porro scimus inter corpora crassa et subtilia nullum esse discrimen essentiale, sed magnitudinis tantum. Unde sequitur, si concipi non potest, quomodo in aliqua machina crassa, utcumque ex fluidis aut solidis composita oriatur perceptio, etiam concipi non posse, quomodo perceptio ex machina subtiliore oriatur, nam si etiam sensus nostri subtiliores essent, res perinde foret, ac si machinam crassam perciperemus, ut nunc facimus. Itaque pro certo habendum est, ex solo mechanismo, seu materia nuda ejusque modificationibus perceptionem explicari non posse, non magis, quam principium actionis et motus (1). »

Outre la matière, il y a donc un principe substantiel qu'il appelle : *Vis primitiva*, Ἐντελέχεια ἡ πρώτη, l'âme ; parce que l'union de l'action et de la passion constitue la substance parfaite (absolutam), à la fois principe de l'action interne ou *perception*, et de l'action externe ou *mouvement*.

La matière elle-même est de deux sortes :

1 Comment. de An. Brutorum.

1° Celle qui résulte de l'antitypie, attribut par lequel elle est dans l'espace. 2° Celle qui est étendue *(continuatio per spatium)*. Or l'Extension n'est qu'une dénomination extrinsèque, qui, ni par elle-même, ni par ses modes, ne peut rendre compte des changements. Aussi à la place d'un changement réel, le Mécanisme met-il le mouvement. Où trouver la raison de ce mouvement soit actif soit passif? Où est la raison de la figure cubique ou sphérique des corps ? Car tout composé est un tas, *ens per aggregationem*, dont la substance seule fait l'unité; et sans l'individualité, il n'y a pas de vraie substance.

Quiconque ne considère pas comme simples les éléments de la Matière, compromet donc sa substantialité, et en niant l'existence d'une semblable unité dans le monde, on n'y trouve plus alors que des phénomènes comme l'arc-en-ciel. Ajoutez à cela que l'essence de toute substance soit matérielle, soit spirituelle, est la *Force*, l'existence d'un être ne pouvant être connue autrement que par son action, et la notion d'un être tout-à-fait passif se réduisant à celle du néant.

Leibniz nous avertit lui-même qu'il importe de distinguer la force active telle qu'il la comprend, de la Puissance des Scholastiques qui a besoin d'un *stimulus* pour passer à l'acte. Cette force active contenant l'entéléchie, tient le milieu entre la faculté d'agir et l'acte lui-même ; elle enveloppe l'effort, comme dans l'exemple du câble tendu par une pierre et formant pendule. Partout règne l'action, dans le corps aussi bien que dans l'esprit. (1)

La Matière première *(Massa)*, avant son union avec la matière seconde *(Entelechia)* n'existe que dans le concept intellectuel. Les entéléchies ne sont pas toutes des images de Dieu ; mais alors elles reproduisent l'image des choses du monde ; leur qualité de substances simples permet de les considérer comme des âmes. De là cette profonde parole : Toute entéléchie première a une variation interne selon laquelle varient aussi les

---

1 « Et hanc agendi virtutem omni substantiæ inesse ajo, semperque aliquam ex ea actionem nasci ; adeoque nec ipsam substantiam corpoream non magis quam spiritualem, ab agendo cessare unquam ; quod illi non satis percepisse videntur qui essentiam ejus in sola extensione, vel etiam impenetrabilitate collocaverunt, et corpus omnimodo quiescens concipere sibi sunt visi. » De Primæ Philosophiæ emendatione. V. Erdm. p. 122.

actions externes (1) ; et la *Perception*, elle n'est rien autre que la représentation de la variation externe dans l'interne. Cette entéléchie cependant ne serait pas complète sans l'*Appétit*, ou effort vers l'action tendant toujours à une perception nouvelle.

Joignez à l'entéléchie la Matière première, et vous avez le Corps qui, outre la matière, possède la force active. Substance corporelle, ou bien Masse composée de substances corporelles, tel est en somme le corps (2). L'élément actif doit être passif à certains égards, parce que priver une substance parfaite *(absolutam)* de matière première, est impossible à Dieu lui-même qui ferait ainsi un acte pur semblable à lui (3). Pas de corps sans puissance passive ; mais l'augmentation de cette puissance ne le développe pas plus qu'un point ajouté à la ligne ne peut

---

1 « Omnis entelechia prima habet variationem internam secundum quam etiam variantur actiones externæ ». « Is autem correspondus interni et externi seu repræsentatio externi in interno, compositi in simplice, multitudinis in unitate, revera perceptionem constituit. » Epist. ad Wagn.

2 « Corpus autem præter materiam etiam habet vim activam, Corpus autem est vel substantia corporea, vel massa ex substantiis corporeis collecta. » (V. Epist. ad Bierlingium.)

3 « Non enim potest Deus privare substantiam absolutam materia prima ; nam faceret inde totum purum actum qualis ipse est solus. » (Epist. VII et XII ad des Bosses.)

l'agrandir. L'Antitypie et l'Extension sont des puissances passives. (1)

Si une Monade avait une vraie représentation du monde extérieur, elle ne verrait dans les corps que les Monades et leurs perceptions. Car Dieu seul qui peut voir les choses telles qu'il les a faites, aperçoit les Monades, et non pas la matière et les phénomènes. Si chaque Monade isolée ne peut, à cause de sa simplicité, remplir un espace, un nombre même infini de Monades ne saurait s'étendre dans l'Espace. Il est donc aussi difficile de concevoir l'extension résultant de monades inétendues que la ligne formée de points innombrables.

Pour compléter ces vues, Leibniz fait appel à un axiome qu'il exprime en ces termes : *Quum data in idem recidunt, quaesita etiam recidunt in idem*, pour lui donner ensuite une forme nouvelle : « *Datis ordinatis etiam quaesita sunt ordinanda.* » De même en effet que le repos est une célérité infiniment petite, de même la passion est un mode infinitésime de l'action. La pas-

1 Epist. ad Wagn.

sion consiste dans l'union à un être actif, car toute substance renferme en elle-même toute action, et n'est jamais soumise à l'action d'une autre. Supposez deux actes dont le premier est la loi du second, celui-ci est dit passif, et celui-là actif. Ainsi le veut la célèbre hypothèse de l'harmonie préétablie, dans laquelle on a eu le tort de voir une partie accessoire de la doctrine Leibnizienne, sorte de pièce de rapport ajustée au système tout entier pour en atténuer les périls. C'est par des assertions purement gratuites que l'on signalera un prétendu manque d'accord entre cette hypothèse et la Monadologie, jusqu'à ce qu'on ait réussi à expliquer la Perception autrement que par la correspondance de l'interne et de l'externe, ou la représentation du second dans le premier, du composé dans le simple, du multiple dans l'unité.

Il nous manque peu de chose désormais pour comprendre la théorie de l'Espace adoptée par Leibniz, à la condition toutefois de renoncer au langage vulgaire, et de ne jamais oublier le langage parlé par ce grand philosophe. Pour avoir négligé ce point important plus d'un écrivain a transformé la doctrine la plus simple, la plus claire, et la mieux liée, en un ensemble monstrueux de vues incohérentes et trop souvent contradictoires.

Quoi de plus intolérable, en effet, que cette conception d'une Espace que l'on commence par remplir de monades, pour y placer ensuite les corps ! N'oublions donc jamais que nourri longtemps à l'école du péripatétisme, Leibniz s'est contenté d'abord de produire, sous cette influence, sa doctrine de la matière première et de l'Entéléchie. A cette période correspondent toutes ces définitions subtiles de la Masse, du Corps, de l'Antitypie et de l'Extension (1). Que de temps il y dépense, que d'ardeur il y consacre, qui plus tard devaient trouver un plus heureux emploi !

Il raconte lui-même qu'après avoir secoué le joug d'Aristote, il s'arrêta quelque temps au Vide et aux Atomes. Mais une pensée l'empêcha de s'y fixer. La multitude pouvait-elle avoir une autre réalité que celle des unités véritables, constituées

---

1 V. Epist. ad des Bosses, Erd. p. 461. — De Principiis quibus utitur Malebranchius. Erd. p. 691. Epist. ad Dangicourt ; Erd. p. 745. — Il lui arrive de se perdre maintes fois au milieu de ses excessives subtilités.

par tout autre chose que les points d'où ne saurait naître le continu ? Il les trouve donc dans l'atome formel, lorsqu'il est bien convaincu que l'être matériel ne saurait posséder une individualité pleine et entière, c'est-à-dire une parfaite unité. Aussi remit-il en honneur les formes substantielles si décriées de son temps, et montra-t-il qu'elles pouvaient jouer un rôle utile à la condition d'être bien interprétées. Longtemps enveloppée de nuages, sa pensée se fait jour enfin ; il arrive à la conception de la Monade, puissance idéale, force représentative, concentration de l'Univers.

Les corps sont de simples phénomènes, des phénomènes vrais, qui ne diffèrent des songes qu'en ce qu'ils sont bien liés ; mais ils ont leur source dans les Monades qui seules, dans le monde, reçurent de Dieu un être véritable. A proprement parler, dit-il, aucune substance n'est étendue dans l'espace ; aussi, j'appelle la matière : *non substantiam, sed substantiam*. La matière est pour moi un phénomène bien réglé sur la Raison dont les principes abstraits ne peuvent nous égarer.

Il appartient aux Monades de faire la Masse qui est une multitude actuelle, discrète, composée d'une infinité d'unités, *Ens per aggregationem*; mais elles ne font pas l'Espace qui est un continu idéal.

Dans la Masse, comme dans les choses actuelles, les éléments simples sont antérieurs aux composés.

Dans l'Espace, comme dans les choses idéales, le tout est antérieur à la partie. (1)

L'une des causes d'erreur les plus fréquentes en philosophie, consiste à ne pas se placer au point de vue de ses adversaires. Voilà pourquoi l'on adresse à Leibniz tant d'objections, et notam-

---

1 « Et si monadum loca per modificationes, seu terminationes partium spatii designentur, ipsae tamen monades non sunt rei continuae modificationes; massa, ejusque diffusio resultat ex monadibus, sed non spatium; nam spatium, perinde ac tempus, ordo est quidam, nempe pro spatio coexistendi qui non actualia tantum, sed et possibilia complectitur. Unde indefinitum est quiddam; ut omne continuum cujus partes non sunt actu, sed pro arbitrio accipi possunt, neque ut partes unitatis, seu fractiones. Si aliae essent in natura rerum subdivisiones corporum organicorum, aliae essent monades, alia massa, et idem foret spatium quod impleretur. Nempe spatium est continuum quoddam, sed ideale. Massa est discretum, nempe multitudo actualis, seu ens per aggregationem, sed ex unitatibus infinitis; in actualibus simplicia sunt anteriora aggregatis, in idealibus totum est prius parte. » Ad des Bosses Epist. XIII.

Au XVIIe siècle la Théologie jouait encore un grand rôle dans les controverses philosophiques. On s'en convaincra par la lecture des lettres de Leibniz au P. des Bosses, et de Descartes au P. Mesland et au célèbre Arnauld.

ment celle-ci : sa doctrine répugne au sens commun qui affirme la réalité de l'Etendue des Corps. Comment comprendre, dit Euler, que l'Etendue est formée de plusieurs points inétendus? Autant vaudrait prétendre que l'on peut composer de zéros un nombre positif. Leibniz répondait assez bien que la pluralité n'est pas dans l'unité, et pourtant, l'unité ajoutée à elle-même produit la pluralité. Cette difficulté qu'Euler proclame inextricable, peut trouver une autre solution dans le système leibnizien. Supposez la réalité de l'Espace ; deux choses constituent les corps, selon la doctrine des Pythagoriciens ; les Monades et leurs intervalles, διαστήματα καὶ μονάδες. Leur Monade n'est que le point géométrique ; celle que je conçois est un point actif, une énergie. Si un pareil point se meut, il présentera à la vue l'apparence, le fantôme d'une ligne, et plusieurs points séparés par de petits espaces ou pores donneront l'apparence de la continuité. Ainsi donc, loin d'être réfuté, Leibniz démontre sa thèse, même en se plaçant au point de vue de son antagoniste. Quelle sera donc sa force lorsqu'il s'enfermera dans son propre système !

Euler insiste, il est vrai : une partie de matière est toujours étendue, elle a un haut, un bas, un côté droit, un côté gauche, une face antérieure, une autre postérieure, donc : largeur et profondeur. Est-ce que toute chose étendue ne peut pas être divisée, au moins par la puissance divine, à laquelle on ne saurait imposer de limites ? Dieu peut donc diviser en réalité ce qui est idéalement divisible ; et encore peut-il bien d'autres choses que l'esprit humain essaierait vainement de se représenter.

Ici de nouveau nous serions étonnés si Leibniz était pris au dépourvu. Puisque Dieu même est en cause, dira-t-il, demandons-nous sérieusement ce qu'il peut connaître des objets. Et d'abord, il n'a pas nos sens grossiers ; il ne connait rien que d'intelligible ; c'est par leur côté intelligible que lui sont accessibles les phénomènes naturels eux-mêmes. La Matière, aux yeux de Dieu, n'a donc rien de commun avec les Sens ; c'est au contraire quelque chose de supra-sensible. Or, si la Matière n'est pas autre que Dieu peut la voir, elle est, encore une fois, l'objet de l'Intelligence bien plus que des Sens, et je ne suis pas repréhensible d'avoir fait la Matière idéale, à moins qu'on adresse le même reproche à tous ceux qui voient en Dieu le souverain ordonnateur de l'univers. (1)

L'éminent auteur de l'ouvrage sur la Science et la Nature, M. F. Magy, n'a pas non plus ménagé Leibniz. Relevant le passage où celui-ci remarque qu'il a tenu plus d'une fois l'espace pour quelque chose de purement relatif, à la manière du temps, pour un ordre de coexistence, comme le temps est un ordre de succession, parceque « l'Espace marque, en termes de possibilité, un ordre des choses qui existent en même temps, en tant qu'elles existent ensemble, sans entrer dans leurs manières d'exister », il lui répondrait volontiers, avec Clarke, que « l'espace et le temps sont des quantités, ce qu'on ne peut dire de la situation et de l'ordre ». Il reproduit la réponse de Leibniz que l'ordre a aussi sa quantité. « Il y a ce qui précède et ce qui suit ; il y a distance ou intervalle. Les choses relatives ont leur quantité, aussi bien que les absolues. Par exemple les raisons ou proportions

1 Voy. la Préface aux Œuvres philosophiques de Leibniz par M. Paul Janet.

dans les mathématiques, ont leur quantité, et se mesurent par les logarithmes ; et cependant ce sont des relations. Ainsi quoique le temps et l'espace consistent en rapports, ils ne laissent pas d'avoir leur quantité. » Selon M. Magy, la réplique de Leibniz est aussi faible que sa thèse est inexacte. Car les points les plus remarquables que distingue un signe particulier sur le sphéroïde terrestre, forment un système que Leibniz appelle leur ordre de coexistence. Mais affirmer qu'ils sont déterminés par deux quantités angulaires, c'est dire qu'on les distingue précisément par deux déterminations de l'espace : « Au lieu donc de soutenir que l'espace peut se définir par l'ordre de coexistence des choses, Leibniz devrait reconnaître que l'ordre de coexistence des choses se définit au contraire par les déterminations de l'espace. »

Le respect que nous avons pour l'auteur, l'admiration que nous inspire son ouvrage, ne peuvent nous faire illusion sur la faiblesse d'un argument semblable. Est-ce que la détermination des quantités angulaires ne suppose pas, avant tout, l'existence des choses elles-mêmes dont elle fixe la situation ? et serait-il jamais possible de distinguer, dans leur indifférence, les parties de l'Espace, abstraction faite des choses qui les actualisent? Supposez une sphère nue ; elle contient pourtant bien des points, dont l'ordre et les relations nous permettent de désigner l'espace de mille manières. La définition de l'Espace donnée par Leibniz étant bien comprise, on ne devrait jamais oublier qu'elle n'a de valeur que pour nous et notre esprit. Qu'est-ce en effet qu'un rapport en dehors de l'esprit qui l'a perçu ? M. Magy est donc tombé dans la même erreur qu'Euler, il n'a pas su détourner sa vue des objets extérieurs, pour considérer, avant tout, l'Esprit et la Monade close, miroir vivant de l'Univers.

Mais l'intérêt de ces discussions augmente quand on étudie la grande controverse de Clarke et de Leibniz.

Newton avait distingué l'espace des corps ; il en faisait toutefois l'attribut d'un être spirituel, dont l'infinité expliquait ce caractère de l'Espace qui n'est autre chose que l'immensité de Dieu, comme le Temps en est l'éternité.

En essayant de défendre cette opinion à laquelle il est très-attaché, Clarke en éloigne ce qu'elle a d'excessif dans les termes, et ne veut pas notamment que Leibniz se fasse fort d'une expression échappée à Newton dans *l'Optique*, lorsqu'il a appelé l'Espace le *Sensorium de Dieu*. C'est là, dit-il, une métaphore abusive, mais ce n'est qu'une métaphore. Laissons-là l'Optique, dira Leibniz ; ne trouvons-nous pas des déclarations aussi explicites dans les *Principes mathématiques?* (1). On y lit en effet que sans être l'infinité et l'éternité, Dieu est pourtant infini et éternel ; qu'il n'est ni la durée ni l'espace, mais qu'il dure, qu'il est présent à l'espace ; qu'il dure toujours, qu'il est partout, et que par là même il constitue la durée et l'espace, l'infinité et l'éternité.

De plus, Newton semble bien se contredire, ou au moins hésiter, lorsqu'il distingue Dieu du Temps et de l'Espace, pour lui attribuer ensuite le Temps et l'Espace comme des modes ; et ici encore Clarke se montre son fidèle disciple. Dans son Traité de l'Existence de Dieu, il déclare

1 V. Scholium generale, sub. fin.

trouver à ces principes la même évidence qu'aux axiomes mathématiques (2), et n'hésite pas à déduire de la nécessité de l'espace l'existence de l'Être nécessaire.

Voyons maintenant les principales objections auxquelles il s'expose :

Si l'Espace infini est l'attribut de la susbtance nécessaire, l'espace fini sera, en tenant compte des différences, l'attribut de toute autre substance. Or, si l'espace est nécessaire dans sa totalité, il ne le sera pas moins dans ses parties, et, de la nécessité de cet attribut de toute substance, il faudra conclure à la nécessité de la substance elle-même, sans exception. — De même que l'espace infini est le mode de la substance infinie, l'espace fini est le mode de la substance finie. Mais anéantissez les corps par la pensée, l'espace n'est pas anéanti pour cela. Il faudrait donc prétendre que la substance finie est une partie de la substance infinie, comme l'espace fini est une partie de l'espace infini? Clarke aura beau reculer

---

1 Traduct. française. T. 1 p. 31 et 199.
2 Id. ib. pp. 274, 280.

devant cette conséquence, et dire que la substance divine est le *substratum* et le fondement de l'Espace ; si l'Espace et le Temps sont, non pas des substances, mais des attributs, il va sans dire que la substance qui leur sert de fondement a quelque chose de plus nécessaire, d'une certaine façon.

En outre, si Dieu est dans l'Espace, sans être pénétré par l'Espace, c'est une substance séparée de sa modification, conception tout à fait inintelligible. Comment, en effet, une substance quelconque serait-elle séparée de la qualité qui la manifeste ?

Dieu remplit tous les espaces de son immensité ; mais, s'il est dans l'Espace, pourra-t-il lui-même contenir l'Espace à titre d'attribut ? Qu'une propriété, qu'un mode soit dans un sujet, tout le monde comprend cette façon de parler. Qu'un sujet soit dans sa propre modification, voilà ce que la raison ne permet pas de comprendre. L'Espace est un mode, soit ; mais il y aura des modes de ce mode ; ceux-ci seront susceptibles d'autres modes encore, et ainsi de suite à l'infini. Où donc s'arrêtera la pensée ?...

L'Espace, propriété de Dieu, est une partie de la nature divine. De la divisibilité de l'Espace, conclurons-nous à l'existence des parties en Dieu ? Ces parties seront figurées, capables de recevoir mille et mille formes, rondes, carrées, etc., etc., c'est bien le cas de s'écrier avec Leibniz : *Spectatum admissi*.....

Dans le système newtonien, les parties de l'Espace seront tantôt pleines, tantôt vides ; de là, des changements incessants chez le Dieu de Clarke, qui ne ressemble que trop au monde appelé par les Stoïciens un animal divin ! C'est à coup sûr un grand sujet d'étonnement qu'une propriété de Dieu, dépendant des affections, des modifications des choses contingentes et finies ! Sans parler de cette conclusion imposée à Clarke par la logique de son système : Tous les Espaces particuliers, pris ensemble, constituent l'Espace infini.

Cette conséquence, d'ailleurs, n'est pas la seule qui répugne à la raison. Car, admettre que l'Espace fini n'est autre que l'extension mesurable des corps, c'est confondre l'espace qui contient les corps avec leur propre étendue ; ainsi donc, en changeant d'espace, la chose étendue abandonnerait son étendue propre. Nous ne sommes pas loin d'une absurdité (1).

En outre, un semblable espace sera tantôt le mode d'un corps, tantôt le mode d'un autre; ce sera enfin la propriété de Dieu lui-même, propriété séparée de toute substance, soit matérielle, soit spirituelle; propriété bien merveilleuse par le fait, puisqu'elle est partout et n'est nulle part; sorte de vêtement mystérieux pris et déposé tour à tour par chaque substance.

L'idée de l'Espace, attribut d'une substance, renferme bien des contradictions; mais, enfin, elle ne répugne pas, de prime abord, aux principes rationnels. Or, voici maintenant ce qui surpasse toute conception : Clarke ne veut pas absolument que l'on confonde l'Espace avec le néant, qui n'est susceptible d'aucune propriété et d'aucun mode; mais que seront donc les propriétés de l'Espace, si vous lui en accordez? Les attributs d'un attribut? On n'affirme rien

---

1 Cette opinion fut critiquée de bonne heure ; nous lisons en propres termes dans Aristote : « Si l'on dit que le lieu change avec l'objet, le lieu changera donc de lieu puisque l'objet en change. » — Phys. l. IV cap. II § 4 et cap. IV § 12.

du néant, dit Clarke. Fort bien! mais vous, qui admettez le vide, qu'osez-vous donc en affirmer? Vous admettez la nécessité du vide, parce que sans le vide, d'après-vous, le mouvement est impossible; ou plutôt, parce que vos calculs, qui expriment les lois de la gravitation, ne sont exacts que dans l'hypothèse du vide. Rien de mieux; mais si le vide n'existait pas, on serait bien forcé de remplacer vos lois par d'autres lois. En attendant, il nous plairait savoir si ce vide est un mode ou une substance; car il faut bien qu'un être soit l'un ou l'autre. Si c'est un mode, je demande quelle en est la nature; car l'Espace en général, qui pourrait bien n'être que le vide étendu à l'infini, a été considéré tour à tour comme l'attribut de la substance finie ou infinie. Pourquoi donc l'espace est-il appelé vide dans certains cas, si ce n'est qu'on le considère comme un attribut séparé de toute substance, ou l'extension de rien. Or, l'extension de rien n'est autre chose que le néant.

Dira-t-on que le vide est une substance? alors je demande si cette substance est créée ou incréée. Dans le premier cas, elle peut être anéantie sans que les corps soient détruits. Mais, après sa destruction, que deviendront les intervalles des corps, ces intervalles dont Clarke a proclamé la nécessité?

Le vide ou l'espace distinct des corps est une substance incréée? Du premier coup, vous l'égalez à Dieu, qui contient désormais des parties distinctes et séparables, n'est plus ni simple, ni immuable, ni infini. C'est un être *per aggregationem*, selon le langage expressif des Scholastiques, ou plutôt une multitude, un assemblage d'êtres dont chacun est fini, et dont la somme ferait un tout infini! Il semble qu'à ce compte les partisans de Clarke et de Newton admettent, comme les Épicuriens, deux principes qui contiennent et expliquent l'univers tout entier : le Plein et le Vide, celui-ci différant peu sans doute du principe indéterminé qui, chez Pythagore, s'appelait τὸ ἄπειρον; chez Platon, Aristote et Plotin : τὸ μὴ ὄν; chez Campanella et Hegel : la négativité. Refuser le vide aux Newtoniens, c'est interdire le mouvement à la matière. Pour les idéalistes, le principe sus-énoncé est indispensable au *process* dialectique de la pensée.

Les explications de Newton et de Clarke, au sujet du Vide et de l'Espace, ont toujours été si peu catégoriques qu'il est permis de croire, dans bien des cas, qu'ils ont pris indifféremment l'un pour l'autre. Mais il suffit de leur accorder la réalité de leur Espace vide pour leur causer le plus grand embarras. La notion d'Étendue nous présentait une clarté relative, avec son essence consistant dans les trois dimensions, et ses manifestations par des attributs qu'on appelle : divisibilité, mobilité, impénétrabilité; toutes notions auxquelles il faut renoncer, si vous admettez la réalité de l'espace vide. Bien plus, nous obtenons des attributs opposés et nous sommes en face d'un indéfinissable fantôme d'étendue *indivisible, immobile* et *pénétrable*.

Leibniz oppose à la conception des Newtoniens un autre obstacle qu'il juge insurmontable : c'est le principe de l'universelle intelligibilité, vulgairement appelé de la Raison suffisante. Ceux qui admettent le vide reconnaissent, par le fait, que Dieu n'a pas mis dans le monde autant *d'être* et de perfection qu'il le pouvait : il n'aurait pas agi en conséquence de sa perfection infinie ;

donc tout est plein. La raison attribue aux choses plus ou moins d'être suivant leur dignité ; or la perfection de la matière, si petite soit-elle, dépasse infiniment la perfection du néant, le vide n'est donc qu'une conception chimérique. Le principe des indiscernables l'empêche encore d'adhérer au système de Clarke. L'univers ne contient pas deux êtres parfaitement semblables ; or la simplicité et l'uniformité de l'Espace empêchent qu'il y ait une raison, soit interne, soit externe, d'y désigner ou d'y choisir des parties : une raison externe ne serait pas fondée ; et la volonté séparée de la raison n'est que l'aveugle hasard des Épicuriens. Cette considération nous ramène au principe de la raison suffisante qui implique, après tout, le principe de contradiction. On peut le nier, sans doute ; mais on s'interdit par le fait toute espèce de raisonnement ; qu'il le veuille ou non, Clarke en est réduit à cette extrémité.

Il a conscience d'une situation aussi dangereuse ; aussi se résoud-il à avancer que l'Espace ne saurait être confondu avec le vide, avec le néant. L'Espace est donc pour lui quelque chose de substantiel; il en fait un être réel, absolu même, et dont l'existence est à ce point nécessaire que Dieu lui-même ne peut ni le changer ni l'abolir. De ce qu'il est immense au regard du tout, éternel et immuable au regard des parties, il faut donc conclure qu'à un point de vue, il est égal à Dieu ; sous le second aspect, il réalise en dehors de Dieu une infinité d'êtres éternels. Deux conséquences achèvent d'ébranler le système de Clarke. Si l'Espace et Dieu pouvaient être considérés comme égaux quant à l'infinitude, nous aurions de l'existence de Dieu une preuve à l'évidence de laquelle personne ne pourrait refuser son adhésion ; car il suffirait d'avoir la simple notion d'Espace pour être assez avancés en Théodicée. L'on ne voit pas pourtant jusqu'ici que les athées aient nié l'existence de l'Espace ; ni que pour avoir nié l'existence de l'Espace l'on devienne athée.

Enfin Dieu ne pouvant être conçu sans l'Espace, on arrive à faire de l'Espace la condition de Dieu. C'est bien amoindrir la Divinité ; car il semblerait que si l'Espace est, non pas une substance, mais un attribut nécessaire, la substance qui lui sert de fondement dût à plus forte raison posséder la même qualité, et avoir une certaine priorité sur le mode qui la manifeste. Clarke oserait-il dire que si Dieu a créé l'Espace il l'a précédé, et n'était pas immense avant la création de l'Espace ?

En somme, dans cette longue controverse, toute la stratégie de Leibniz consiste à opposer à son adversaire trois points principaux. Il s'en tient au principe de l'universelle intelligibilité, au principe des indiscernables, et lui montre toutes les difficultés bien connues qui résultent de la divisibilité à l'infini.

Quand Leibniz soutient qu'aucune division n'est compatible avec la nature divine, Clarke en convient assez volontiers : il déclare que considérer l'Espace comme divisible, c'est ne pas s'entendre avec soi-même. (1) Il peut jusqu'à un certain point éviter les coups de son antagoniste en se rejetant sur un abus de langage, l'Espace au fond n'ayant évidemment point les divisions et les limites qui n'appartiennent qu'aux corps.

1 V. La remarquable réplique de la Lettre III § 3. — Id. Lettre IV § 11 et 12.

Leibniz voudrait bien faire avouer à Clarke que l'Espace infini, propriété de Dieu, est formé de toutes les affections des créatures ; mais celui-ci voit le danger. Les espaces finis, dit-il, ne sont pas des attributs des substances finies. Il y a des parties de l'espace infini dans lesquelles existent les substances finies. Aucune réponse, pour être à peu près valable n'aurait plus besoin d'invoquer la circonstance atténuante de l'insuffisance du langage humain !

A cette objection que Dieu ne saurait être dans l'Espace pas plus que l'Espace en Dieu, Clarke pense pouvoir répondre : Dieu n'est ni dans le Temps ni dans l'Espace. Cette façon vulgaire de s'exprimer signifie pour nous qu'il est toujours et partout ; mais encore une fois, il n'est pas dans le Temps et dans l'Espace comme dans des êtres distincts de lui-même. Il faut avouer que Clarke a recours bien souvent au langage vulgaire, et lorsqu'il prend la peine de l'interpréter, son explication réclamerait quelquefois une explication nouvelle. (1)

1 Pour toute cette partie v. Clarke Lettre III, § 3. — Id. Lettre IV §§ 11 et 12. — Id. Lettre V § 36-48, cf. Leibniz : Lettre V § 38. — Id. Ib. 37 et 40.

Le principe de la raison suffisante vaut selon l'usage que l'on en fait ; d'après la remarque d'un savant philosophe (1), c'est un moyen d'une égale puissance pour recommander l'erreur et pour découvrir la vérité. Sans doute, tant qu'on n'aura pas démontré que le vide est plus digne que le plein de la bonté suprême de Dieu, nous pourrons approuver Leibniz.

Mais que vient faire ici cette application du principe des indiscernables, sinon tout gâter ? N'est-ce pas d'abord un abus intolérable que de nier l'existence d'une chose dont la raison suffisante nous échappe ? La preuve que Dieu n'a pas donné de bornes au monde, dit Leibniz, c'est que l'identité des parties de l'Espace ne permet pas qu'il choisisse un lieu plutôt qu'un autre pour l'y placer. Dieu agira donc au hasard ? — Il nous semble, au contraire, que cette indifférence des parties de l'Espace laissse place entière à la liberté divine ; et celle-ci peut bien être elle-même la vraie raison suffisante qui se manifeste en n'attendant point du dehors ses motifs d'action. A

---

1 V. Alb. Lemoine : *de Materia apud Leibnizium.*

moins toutefois qu'on ne se représente la liberté de l'esprit comme une balance dont les plateaux pencheront sous l'action d'un poids plus lourd. Qu'on ne voie pas au dehors la raison suffisante d'un choix, parce qu'étant partout elle n'est nulle part, cela est possible ; mais mieux vaut la voir dans une libre sagesse que d'aller la chercher ailleurs pour l'imposer à Dieu. Ici donc Leibniz laisse une liberté toute nominale, et il prête le flanc à son adversaire qui trouve l'occasion de le serrer de près en lui disant : Suivez les conséquences logiques de votre système, elles vous entraînent forcément à émettre cette incroyable proposition : Dieu n'a créé nulle matière ; il n'en pourra jamais créer.

Voltaire regrettait que la mort de Leibniz eût mis fin à cette grande controverse ; peut-être, dit-il, aurait-on fini par savoir si les choses ont un bout ou si elles n'en ont pas. Il n'est pas besoin, cependant, d'avoir la suite de la correspondance des deux adversaires pour comprendre que leurs systèmes sont exclusifs et qu'il faut les compléter, les corriger l'un par l'autre. Leibniz, en effet, paraît avoir raison par où Clarke a tort, et réciproquement Clarke semble avoir raison par où Leibniz se trompe. S'agit-il de l'immensité et de l'éternité, Leibniz introduit à chaque instant l'idée d'étendue et de durée. Clarke, au contraire, tient peu de compte de ces dernières notions; de telle sorte qu'à chaque instant l'un semble méconnaître la nature de l'immensité et de l'éternité, l'autre la nature de l'étendue et de la durée. On dirait que Leibniz veut ramener les notions d'Immensité et d'Éternité aux notions de durée et d'étendue, constituées par la juxtaposition de tous les corps et le développement en séries des phénomènes de l'univers. Clarke et Newton, au contraire, semblent ne faire qu'une seule et même chose de l'Immensité et de l'Espace, d'une part, de l'Éternité et du temps, de l'autre; sans remarquer que si deux de ces attributs conviennent à Dieu, les autres ne s'appliquent qu'aux êtres finis, aux créatures, aux corps. A ce moment, Leibniz est autorisé à prétendre qu'indépendamment des faits et des êtres finis, l'Espace et le Temps ne sont plus. Cependant, l'immensité et l'éternité subsistent toujours, et à quel titre? Sinon à titre d'attributs d'un être supérieur à l'Espace?

Nous pouvons dire avec Clarke et Newton que l'Immensité et l'Éternité sont des attributs de Dieu; mais il faut ajouter avec Leibniz que nous nous élevons à la conception de ces attributs par la considération de l'espace et de la durée qui ne conviennent qu'aux êtres finis. C'est le propre des créatures de ne pouvoir exister en dehors de l'espace et du temps, c'est-à-dire sans relations de coexistence et de succession les unes avec les autres; mais de pareilles conditions ne peuvent être imposées au Dieu éternel et immense.

En deux mots, Clarke et Newton sont frappés avant tout de l'ordre logique sur lequel se règle la connaissance, et ne peuvent s'en départir. Leibniz envisage principalement l'ordre chronologique de nos idées. Sans doute, au point de vue logique et rationnel, des idées d'immensité et d'éternité découlent les idées de temps et d'espace; mais, au point de vue de la formation et du développement des idées, les notions d'espace et de temps nous servent de point de départ pour nous élever aux idées d'éternité et d'immensité.

Ainsi, la controverse aurait pu durer des siècles. Que dis-je? elle dure encore, elle ne cessera jamais, si les philosophes persistent à s'enfermer les uns dans le domaine de la psychologie expérimentale, les autres dans le domaine de la psychologie rationnelle.

III. KANT

La Critique de la Raison pure. — L'Esthétique transcendentale. — Double exposition de l'Idée d'Espace : l'une métaphysique ; l'autre transcendentale. — L'Intuition. — L'Espace abstrait ; l'Espace concret. — L'Espace, Intuition pure. Preuve par les paradoxes. — Le langage de Kant. — Opinion de Kant sur les qualités premières et sur les qualités secondes. Non seulement ce philosophe ne fait appel à aucun sens, mais il ne démontre jamais que l'Intuition ne doit rien aux Sensations. — Contradictions sur les rapports du Temps et de l'Espace. — — Difficulté d'accorder la priorité à l'un ou à l'autre. — Contradiction de Kant dans l'examen du système de Leibniz ; il le réfute dans l'Analytique transcendentale ; il finit par l'approuver dans la lettre à Eberhard. — L'amphibolie transcendentale. — La perte mutuelle. — La thèse de Leibniz se maintient contre les attaques de Kant. Au fond la théorie de l'un diffère peu de celle de l'autre. — La doctrine de Leibniz bien comprise arrête la lutte de la Raison contre elle-même dans les Antinomies. — La quantité extensive et la quantité intensive. — En déclarant que la forme pure de l'Intuition est illimitée, Kant suppose ce qui est en question. La nécessité de l'Espace, en tant que distincte de la contingence des Sensations, est une simple hypothèse que rien ne peut vérifier. — Postulat de toute la théorie Kantienne : Les Sensations peuvent être actuelles, en tant que Sensations, sans que nous en ayons la moindre conscience.

III. KANT

A en croire le philosophe de Kœnigsberg, le plus grand adversaire de Leibniz ne serait pas Clarke, ce serait Kant lui-même.

On connaît assez le point de départ de sa doctrine : pour trouver les justes limites dans lesquelles doivent être contenus le scepticisme empirique et le dogmatisme rationnel, Kant veut faire la critique de la Raison : il espère atteindre ce but en examinant, par sa méthode, la génération et les lois de toute connaissance humaine. Il étudiera donc deux questions principales :

1° Quelle est la part de la Raison dans la connaissance humaine ; cette faculté ne paraît-elle pas ici supérieure à l'expérience ?

2° L'origine de la connaissance étant déterminée, quelle est la valeur de cette connaissance ; quelle part faut-il faire au Scepticisme et au Dogmatisme, pour bien délimiter leur domaine ?

La connaissance comprend deux sortes d'éléments : les uns empiriques ou *a posteriori* proviennent, ou bien du Sens externe, ou bien du Sens intime. Les autres, qu'il appelle rationnels ou *a priori*, sont tirés de l'esprit par l'esprit lui-même. Quand on les a dégagés des premiers éléments, ceux-ci forment une science pure. On en apprécie la valeur à la condition de distinguer la Raison spéculative dont la Critique mène au Scepticisme, parce que la nécessité de ses principes peut être relative à la constitution particulière de notre esprit, et la Raison pratique ou morale qui seule nous permet d'échapper au scepticisme, parce qu'elle nous donne une vérité objective indépendante de l'expérience.

Dans la Critique de la Raison pure, Kant reconnaît trois facultés : Sensibilité, Entendement, Raison.

Le Sens, nécessaire pour donner à la connaissance sa matière, loin de procurer par lui-même aucune science, ne contient pas même la possibilité de l'expérience qui n'est explicable que par des éléments universels et nécessaires. Or, nous ne devons au Sens que le particulier et le contingent.

Deux formes pures de l'intuition rendent l'expérience possible ; ce sont l'Espace et le Temps, dont la matière de la connaissance sensible reçoit sa forme. En elles, comme dans des moules, viennent se modeler les affections ou sensations qui proviennent des objets, dont la représentation est le résultat de la rencontre de la matière et de la forme.

Éparses et sans lien, ces représentations ne sont encore que les éléments grossiers de la connaissance, jusqu'à ce qu'elles soient réunies et coordonnées dans une faculté supérieure : l'Entendement, spontanéité pure qui s'oppose à la pure réceptivité de la faculté sensible.

On sait comme l'Entendement a pour fonction de ramener la diversité des représentations à l'unité d'un certain nombre de Concepts purs, qui en sont les lois *a priori* : de là les célèbres Catégories. Mais il s'en faut encore que nous ayons atteint l'unité suprême de la connaissance ; c'est là le chef-d'œuvre de la Raison qui parfait l'une en rattachant les autres à trois principes *a priori* ou Idées :

Idée du moi ou de l'unité absolue du sujet (Psychologie rationnelle);

Idée du monde ou de l'unité absolue des conditions extérieures (Cosmologie rationnelle);

Idée de Dieu ou unité absolue de tout ce qui peut être pensé (Théologie rationnelle);

A l'étude des diverses facultés correspondent différentes parties de la science.

A la Sensibilité appartient l'Esthétique transcendentale.

A l'Entendement, la Logique transcendentale.

A la Raison, la Dialectique transcendentale.

Mais un aperçu même sommaire de la doctrine de Kant, nous ferait perdre de vue notre objet principal si nous ne revenions de suite au rapport de la Sensibilité et de l'Intelligence. On a une idée exacte de leur rôle respectif quand on a compris ce qui a été dit tout à l'heure, à savoir que l'Intelligence exerce une opération plastique sur la matière que lui fournit la Sensibilité. L'efficacité de la matière et de la forme est dans leur union d'où résulte le phénomène, lorsqu'à l'intelligence apparaît une certaine unité ; et c'est là toute la réalité qu'il nous est donné de connaître ; car il faut renoncer à pénétrer la nature même des choses; elle ne s'offre à nous que dans ses relations avec notre constitution originelle. Nous ne connaissons pas absolument les choses ; nous les pensons ; de là le nom de *Noumènes*. Ce n'est pas que ces phénomènes manquent de tout fondement ; car le paraître supposera toujours quelque chose qui apparaît. Peut-être même arriverions-nous à établir une équation entre les phénomènes et les choses, si, en nous apparaissant, ils ne revêtaient les formes de la Sensibilité et de l'Intelligence, et ne se teignaient pour ainsi dire de leurs couleurs.

Par le Sens externe, propriété de notre esprit, les choses extérieures nous sont représentées en nous-mêmes ; elles sont et ne peuvent être définies que dans l'Espace avec leur figure, leur grandeur, leur relation réciproque. Mais l'Espace n'est pas quelque chose de réel en nous; le Temps n'est point quelque chose d'extérieur à nous. Tous deux sont des formes internes ; l'une est la forme que revêtent les objets extérieurs ; l'autre, la forme qui s'impose aux phénomènes du Sens intime. L'Espace et le Temps ne sont point des Natures, des Êtres existant dans les choses déterminantes ou dans les affections des choses et qui leur conviennent, lorsqu'elles ne sont point perçues par les sens. Ils tiennent purement et simplement à la forme de l'intuition et à la nature singulière de l'esprit qu'on peut appeler subjective.

Une double *Exposition de l'Espace* nous explique la pensée de Kant. La première est dite *métaphysique* ; la seconde *transcendentale*.

1. L'Exposition métaphysique comprend tout ce qui nous propose ce concept comme donné par anticipation.

La notion de l'Espace ne peut tirer son origine de l'expérience externe. Quoique certaines sensations aient trait à quelque chose d'extérieur qui occupe dans l'espace un lieu différent de ce que nous appelons nôtre ; quoique les objets externes nous paraissent contigus, distincts, occupant des lieux divers, cette représentation n'est possible que parce qu'elle est précédée de la notion d'espace, condition de toute expérience ; et l'expliquer par l'expérience elle-même, c'est faire un cercle vicieux.

Pour rendre ceci plus clair, il faut procéder à l'énumération des caractères de l'Espace : le premier est la *nécessité*. Une loi inéluctable s'impose à notre esprit et l'empêche de considérer un objet en dehors de l'espace et séparé des objets qu'il renferme. En concevant tous les corps abolis, je ne puis concevoir l'anéantissement de l'Espace.

Si la généralité était un trait essentiel de la notion d'Espace, elle serait formée de l'idée de la collection ou de l'ensemble d'espaces particuliers. Mais parler d'un espace défini ou d'une multitude d'espaces, c'est toujours les considérer comme parties d'un seul et même espace. Or les objets singuliers dépendent de l'ensemble, bien loin que la totalité dépende des parties : l'unité de l'espace exclut donc sa généralité ; et l'intuition de l'Espace est dite *à priori* parce qu'elle semble servir de fondement à toutes les notions.

En second lieu, l'Espace est infini, non pas en ce sens qu'il a rapport à tous les corps comme une quantité générale ; mais il embrasse tous les corps possibles dans son vaste sein. Son infinitude n'est pas représentée, mais réelle.

2. L'exposition transcendantale explique ce concept en tant que cause et principe servant à faire comprendre *à priori* la possibilité des autres notions synthétiques. Les propositions géométriques sortent comme de leur source de cette forme de l'Espace sans laquelle il serait impossible de comprendre une ligne, un triangle, un cercle etc. — Quelles propriétés étudie le géomètre sinon de l'Espace enfermé dans des lignes? Donc sans l'Espace pas de géométrie. Les propositions géométriques se présentent à nous comme *synthétiques à priori*, et le caractère avec lequel elles s'offrent à l'esprit nous prouve qu'elles ne découlent ni médiatement ni immédiatement de l'expérience ; elles seraient impossibles si l'expérience n'était précédée de la notion d'Espace. Cette intuition déterminant la conception qui a trait aux objets n'est rien que la capacité formelle d'être affecté par les objets et d'en recevoir la représentation immédiate. Aussi l'appelle-t-on forme du Sens externe.

L'exposition transcendentale a donc pour résultat de nous démontrer :

Primo : que les notions dites synthétiques *a priori* découlent de la notion d'Espace.

Secundo : que si l'on écarte l'Espace pour recourir à une autre hypothèse, ces mêmes notions deviennent inexplicables.

De là plus d'une grave conséquence. Supprimez toute loi subjective de l'Intuition, l'Espace n'est aucune propriété des choses. Comment en effet, auriez-vous par anticipation, l'intuition de la raison absolue ou comparative des déterminants avant l'apparition des choses elles-mêmes auxquelles conviennent ces raisons ?

L'intuition externe antérieure à toute perception ne peut être permanente dans l'esprit à moins d'être une propriété formelle du sujet, ou en général la forme du sens externe. C'est dans cette intuition pure que toutes les choses externes doivent être déterminées et définies. En elles sont contenus antérieurement à toute expérience les principes de toutes les relations et affections.

Nous ne pouvons parler que comme des êtres

humains de l'Espace et des objets étendus ; si donc nous nous écartons de la loi imposée au sujet, loi par laquelle seule nous avons les intuitions, la représentation de l'Espace est vaine. La séparation de la forme permanente de la faculté de sentir d'avec les objets extérieurs constitue l'intuition pure qu'on appelle l'Espace.

L'Espace comprend tout ce dont l'Intuition externe est susceptible, mais non pas toutes les choses prises en soi, parce que la loi imposée à notre faculté sensitive ne s'étend pas aux choses en soi : les phénomènes seuls sont réglés et disposés par la forme ; et nous ne savons pas quelle est l'intuition des êtres pensants autres que nous, ni si elle est astreinte aux mêmes lois. Relativement à nous, cette intuition a une valeur universelle ; soumise au concept dans la limite du jugement du sujet, elle passe pour un jugement absolu. Mais cette proposition : toutes choses sont juxtaposées dans l'espace, ne vaut que lorsque l'on ajoute : pourvu que les choses soient considérées comme objet de notre intuition. Kant établit donc ici, selon qu'on voudra l'entendre, la réalité ou l'idéalité de l'Espace. Il en maintient la réalité empirique au regard, du moins, de toute expérience externe possible ; et il accorde son idéalité transcendentale à la condition que l'on ne tienne pas compte de la loi qui régit les Sens.

La seule représentation de l'Espace peut être rapportée à quelque chose d'extérieur et être dite objective par anticipation. Car les propositions synthétiques par anticipation ne peuvent être dérivées que de l'intuition de l'Espace. Ici pourtant il n'y a nulle idéalité dans le fait de l'accord des sens avec la représentation de l'espace pour la condition de la forme subjective, comme dans le cas de la vue, de l'ouïe, du tact. Aucune chose en soi ne s'offre aux sensations et ne leur est connue par anticipation. Kant nous avertit d'ailleurs de ne pas croire que nous ayons fait quelque progrès, si nous mettons en lumière l'idéalité de l'Espace par l'exemple des couleurs, des saveurs, etc., exemples qui ne prouvent rien ; car, ce sont en effet, non pas des qualités, mais de pures modifications du sujet. Ici, un simple phénomène pris au sens empirique, comme une rose, a autant de valeur que s'il était chose en soi, et était tel qu'il paraît, quoiqu'au point de vue de la couleur, il puisse sembler tout différent à l'œil d'un autre. Le système critique au contraire, nous avertit par le concept transcendental que ce qui est vu dans l'intuition de l'Espace n'est jamais dans une chose. Car ce qui s'offre à nous du dehors n'est que pure représentation du Sens, dont la forme est l'Espace; et ce n'est point par une telle forme ni par une expérience que nous pouvons connaître les choses telles qu'elles sont en soi.

On le voit donc, le but de Kant dans l'Esthétique transcendentale était de rendre compte des jugements mathématiques, *a priori*, universels, nécessaires, fondés sur l'Intuition. Si cette intuition est à posteriori ou empirique on a des jugements particuliers et contingents; l'intuition est donc pure ou *a priori*. D'autre part cependant, il faut que cette intuition pure ait un rapport nécessaire à l'expérience ; autrement nos jugements ne s'appliqueraient pas nécessairement aux objets : l'Intuition pure sera donc la forme nécessaire de l'intuition empirique, et il est permis d'en conclure la phénoménalité de tous les objets que celle-ci est susceptible de contenir.

Nous pourrions nous contenter de ces développements donnés par Kant dans l'Esthétique transcendentale. Voici cependant quelques exemples tirés de plusieurs autres passages, et propres à éclairer sa doctrine d'un jour nouveau. Quiconque admet un axiome géométrique comme celui-ci : une seule ligne droite va d'un point à un autre, comprendra que la ligne en question est divisible à l'infini (1). Si l'on objecte que l'Espace concret n'a rien de commun avec l'Espace abstrait et mathématique, Kant demande pourquoi en cherchant les lois mathématiques de la chute des graves, le Physicien ne craint pas de se tromper.

On peut prouver aussi que tout ce qui est dans l'Espace et en remplit une partie, est susceptible des mêmes divisions que l'Espace. Or, les premiers principes sont en opposition avec la Mathématique si la raison nous oblige à admettre que tout composé a pour base des éléments simples. Nous devons donc considérer l'Espace et le Temps comme des êtres imagi-

---

(1) v. Réponse à Eberhard. B. — v. Keil : Introductio in veram Physicam.

naires, non pas en ce sens qu'ils sont le produit de l'Imagination ; mais que tout ce que nous nous représentons est dans le Temps et dans l'Espace.

Peut-être Kant entendait-il tirer profit de la querelle de Zénon sur les points mathématiques, de l'impossibilité du mouvement ; de la discussion subtile de Bayle sur les cercles concentriques, et des considérations sur les infinis d'espace plus grands les uns que les autres. En tout cas, à celui qui ne voudrait pas admettre que l'Espace est une intuition pure, il propose l'examen des paradoxes suivants :

Toutes les figures dessinées sur un plan et n'offrant aucune différence de qualité ni de quantité, doivent pouvoir se superposer et se remplacer dans l'espace de telle sorte que l'observateur ne puisse jamais distinguer celle qui a succédé à l'autre. Or il n'en est pas ainsi des triangles sphériques. Quoique l'harmonie intime de deux de ces figures soit parfaite, l'une ne peut remplacer l'autre.—Le gant de la main droite et celui de la main gauche ne peuvent se suppléer quoique parfaitement semblables. Y a-t-il enfin une ressemblance plus parfaite que celle de la main et de son image dans une glace? Toutefois, la main droite par exemple, y paraît être une main gauche, d'où l'impossibilité de substituer l'une à l'autre. Comment donc expliquer que dans le cas présent l'intelligence ne puisse saisir aucune différence interne, tandis qu'il y en a une pour le Sens. Ajoutez à cela l'hypothèse d'une main unique, la seule qui existe dans le monde, et demandez-vous si elle est droite ou gauche. Considérez deux spirales et deux hélices se développant en sens contraire. Il faut avouer que si dans tous ces cas divers nous avons une représentation des choses elles-mêmes, nous ne saurons plus que penser.

Avant de voir comment Kant a jugé la doctrine de Leibniz sur l'Espace, et de rechercher ce que vaut sa propre théorie, il n'est peut-être pas hors de propos de résoudre quelques difficultés, qui, pour tenir au langage, n'en ont pas moins une certaine importance. Tout d'abord, la dénomination de Sensibilité appliquée à une faculté qui comprend les Sens externes et le Sens intime, a quelque chose de bizarre. Le philosophe de Kœnigsberg a emprunté plus d'une fois aux Scholastiques leurs idées et leur langage ; peut-être faut-il expliquer ainsi cette singulière confusion.

La forme du Sens externe est l'Espace ; la forme du Sens intime est le Temps ; l'auteur expose dans l'Esthétique transcendentale les notions *a priori* qui tiennent au Temps et à l'Espace. Mais encore une fois ce mot αἰσθάνεσθαι exprime une ressemblance imaginaire entre le sens externe et le sens intime.

La même faculté, le même acte par lequel nous percevons l'objet, prend tour à tour les noms divers de Représentation (*Vorstellung*), Intuition (*Anschauung*), Sensation (*Empfindung*) Perception (*Wahrnehmung*) ; et que percevons-nous ? rien qu'un phénomène, c'est-à-dire ce qui paraît *Erscheinung*.

En voyant le Temps et l'Espace rapportés à la Sensibilité, et les Catégories rapportées à l'Intelligence, nous nous demandons s'il y a une autre cause à cette distinction que l'attachement de Kant à certains termes de l'Ecole. Il en accepta beaucoup sans en controler la valeur ;

c'est ainsi qu'avec les Scholastiques, il sépara l'idée du jugement.

Quant au Temps et à l'Espace on les trouverait aussi bien placés dans l'énumération des notions transcendentales qui tiennent à la faculté de juger. Ces notions, il est vrai, n'auraient pas besoin de la coopération actuelle de la Sensibilité. Mais ne puis-je pas avoir actuellement l'intuition du Temps et de l'Espace sans relation avec les objets extérieurs, et sans contempler le développement des phénomènes internes ? Car il ne s'agit pas ici de l'origine de ces idées ; si l'on posait cette question, nous pourrions dire à un disciple de Kant : d'où viennent donc, d'après vous, les notions d'unité, de pluralité, sinon du sens externe et du sens intime ?

Au sujet des Catégories ; il nous suffira de remarquer que l'état primitif et originel de la pensée ne nous offre point cette quadruple division avec ses douze termes artificiels reproduits par un grand effort d'abstraction et de mémoire. Kant l'avoue lui-même, du reste, en déclarant qu'il propose les douze notions transcendentales comme des exemples, mais qu'il ne prétend pas avoir épuisé toutes les divisions possibles.

Nous croyons enfin que la distinction fondamentale du phénomène et du noumène a été l'occasion de contradictions flagrantes pour Kant et pour ceux qui ont tenté de développer sa philosophie. Les partisans les plus décidés du Criticisme conviennent aujourd'hui que le seul fait de nommer l'inconnaissable ou le noumène, implique un certain degré de connaissance. De là encore la tentation périlleuse de rechercher si les phénomènes sont régis pour eux, c'est-à-dire, en tant qu'ils existent et en tant qu'ils ne sont pas phénomènes pour nous, par les mêmes lois qui régissent leur coordination dans notre esprit; deux points de vue trop souvent confondus par maint philosophe. Dans l'hypothèse de Kant, l'un des deux au moins est contradictoire. Car, les phénomènes n'existent qu'en tant qu'ils sont phénomènes pour quelqu'un, et qu'à titre de phénomènes coordonnés dans un esprit. Des phénomènes qui n'apparaissent à personne ne sont plus des phénomènes, et l'on n'en peut rien dire. Que s'ils apparaissent à des esprits autrement constitués que les nôtres, tout en nous apparaissant à nous-mêmes, c'est par un simple abus de langage qu'on peut les identifier en tant qu'ils *nous* apparaissent et en tant qu'ils *leur* apparaissent. Il y a vraiment deux ordres de phénomènes et non un seul.

Kant s'est séparé de Descartes sur un point bien important : pour lui, les qualités secondes sont objectives, tandis que les qualités premières sont dénuées de réalité extérieure. Mais si la couleur et les autres qualités secondes ne portent pas avec elles une certaine étendue et une certaine figure, elles auront toujours pour l'esprit la même figure et la même étendue : en quoi donc alors se distingueront-elles ?

Pour bien comprendre les rapports de la doctrine de Kant avec celle de Leibniz qu'il a si vivement critiquée ; pour saisir la valeur exacte de ses objections, il ne faut pas craindre de signaler les fautes et les lacunes de la Critique de la Raison pure.

Il nous semble que l'une des erreurs capitales du philosophe de Kœnigsberg consiste à n'avoir pas vu que la perception de l'Étendue et de la

Forme qui tombent sous l'observation, est jointe à la Matière de la Sensation ; tandis que la conception de la figure géométrique peut être séparée de cette matière. Bien des gens, en effet, perçoivent l'étendue et la forme des corps qui n'ont jamais pensé à l'Espace infini, au point inétendu, aux lignes sans largeur, aux surfaces sans profondeur. Donc, après avoir refusé à la Sensation ce qui est de son domaine, à proprement parler : L'*Extension* et la *Figure*, il lui accorde ensuite plus qu'il ne doit : la perception de l'impénétrabilité. En second lieu, il ne suffit pas de nommer la Perception sous différents vocables.

De quelle perception et de quelle étendue s'agit-il ? Est-ce l'étendue factice ou l'étendue visible ? Voilà certes une question assez grave, si grave même que lorsqu'il s'agit de la notion d'Espace, nous ne pouvons nous dispenser d'en chercher la solution.

Un autre côté faible, ou tout au moins une lacune du système de Kant, sollicite notre attention. Ce philosophe n'explique jamais l'union de l'intuition empirique et de l'intuition pure. L'Espace est comme une forme que revêt la matière donnée par les sens ; mais les choses se passent-elles bien ainsi quand nous voyons, quand nous touchons ? Kant laisse la question indécise. Les représentations de l'espace tangible et de l'espace visible diffèrent, quoiqu'elles paraissent s'unir et se fondre. S'il y a une intuition de l'Espace, elle ne peut être absolument différente de l'étendue qui affecte la vue et le tact. Supposez un espace interne dans lequel nous dessinons des signes imaginaires : cet espace doit avoir une certaine ressemblance avec l'étendue que nous percevons par la vue et par le tact. Mais la notion d'un tel espace sera-t-elle identique chez Kant et chez un homme privé de la vue ?

L'Espace a trois dimensions, dit Kant ; et cette proposition est pour lui synthétique *à priori*. Il est pourtant une nombreuse école de philosophes qui prétendent que l'intuition de l'Espace n'offre que deux dimensions, et pensent que la troisième vient d'un concept de l'esprit, plutôt que de la perception. Quant à l'objection de ceux qui prennent au sérieux la géométrie à N dimensions, nous ne croyons pas qu'on la puisse maintenir.

Pour voir dans cette Géométrie une chose nouvelle, il faut ne pas tenir compte de l'histoire des Sciences ; autrement on se souviendrait que la prétendue invention des géomètres d'outre-Rhin, n'était point inconnue à Roberval, à Fermat, à Pascal et à Descartes. Ils appliquaient à cet Espace le nom de *sursolide*, et ne s'exagéraient point la valeur des notions qui y correspondent. Il est vraiment merveilleux qu'on ait fait autant de bruit autour d'un système qui n'a d'autre réalité que celle de l'emploi des coordonnées surabondantes, et n'aurait certes attiré l'attention de personne, si l'on eût appliqué la distinction élémentaire de l'Espace géométrique et de l'Espace analytique. La surface homogène et illimitée, existe analytiquement, mais non pas géométriquement dans l'Espace. C'est une sphère d'un rayon égal à la valeur imaginaire $q\sqrt{-1}$

La Géométrie dite non-euclidienne est purement imaginaire comme les quantités algébriques ainsi dénommées. Nous ne comprenons pas qu'on veuille arguer en sa faveur de l'absence de contradiction entre les propositions différentes qu'elle déduit par séries régulières.

Comme s'il n'était pas bien facile de déduire très-régulièrement des conséquences harmoniques, en partant d'un principe radicalement faux !

Enfin si l'on veut examiner la question au point de vue technique, les considérations les plus simples sur l'horicycle et l'horisphère suffisent à ruiner la géométrie soi-disant nouvelle, et mettent à néant ses prétentions.

Accordons à Kant que l'intuition parfaite n'est rien qu'une forme *à priori* dont les phénomènes extérieurs reçoivent leur ordre ; à tout le moins est-on dans l'incertitude la plus complète sur l'origine de cet ordre. D'où l'intuition l'a-t-elle tiré ? Car l'auteur de la Critique n'a jamais tenté de démontrer qu'elle ne doit rien aux sensations.

Il faut alors admettre que l'Espace est la forme de la Sensibilité qui précède non-seulement toute sensation, mais même toute pensée ; que dans l'Espace comme dans un antre ténébreux sont reçus et ordonnés les phénomènes avant d'avoir été éclairés par la lumière de la Conscience. Nous dirons toujours : Mais cette lumière ne crée pas l'Espace, non plus que les rayons du soleil ne créent la terre et les mers en chassant la nuit sur les eaux et les campagnes.

Nous ne faisons pas l'espace, nous le découvrons, nous l'éclairons.

Les Philosophes qui voudront étudier la question des rapports du Temps et de l'Espace, trouveront çà et là dans la Critique de la Raison des indications précieuses. Kant y explique à sa manière l'accord des deux formes de l'Intuition externe et de l'Intuition intérieure : La Catégorie toute seule ne saurait nous faire connaître la possibilité d'une chose quelconque; il faut que nous ayons sans cesse l'intuition dans laquelle se présente la réalité objective du concept intellectuel pur. Ce ne sont pas seulement les intuitions en général, mais encore les intuitions externes qui nous font besoin, pour comprendre la possibilité des choses, et prouver ainsi leur réalité objective, comme on en voit la preuve par l'exemple des concepts de relation. Nous joignons au concept de la substance quelque chose de constant et de permanent, à la condition d'avoir l'intuition de l'espace ; car seul l'Espace détermine d'une manière constante.

Seul le changement dans l'Espace donné pour exemple, peut procurer une intuition du mouvement d'accord avec la notion de causalité ; et c'est de la même manière que les changements, dont aucune intelligence ne saurait comprendre la possibilité, sont soumis à l'intuition. Dans le Sens intime, tout s'écoule avec le Temps ; mais ce qui change doit être à la fois un et identique, et réunir en soi les déterminations faites des contraires : il n'est pourtant donné à aucune raison de comprendre, sans le secours d'un exemple, comment d'un état déterminé s'ensuit l'état contraire d'une même chose. Bien plus, on ne comprendra jamais sans l'intuition comment apparaît le mouvement d'un point dans l'Espace. Ce point, présent à divers lieux, nous offre un changement, si, lorsque nous allons penser aux changements internes, le temps, forme du sens intime, doit être figuré par une ligne ; et ainsi l'intuition externe nous montre clairement notre propre existence dans des états divers.

En veut-on la véritable explication ? C'est que, nul changement, comme tel, n'est perçu sans que quelque chose de permanent soit établi dans l'intuition en même temps que le changement se produit : c'est-à-dire que le Sens intime ne donne aucune intuition permanente.

On ne comprend en aucune façon la communication entre choses isolées *ex subsistentia sua*. Aussi Leibniz n'a-t-il pu se passer de l'intervention divine. Nous, dit Kant, nous qui représentons les substances dans l'Espace, et par conséquent dans l'intuition externe, nous rendons facilement raison de la communication des substances en tant que représentées. Dans l'Espace, en effet, sont contenues *a priori*, comme des lois formelles, les affections externes qui agissent et qui sont agies, c'est-à-dire, entretiennent des relations réciproques. De même la possibilité des choses, en tant que quantités, et par conséquent la réalité objective de la Catégorie de quantité, se montre seulement dans l'intuition externe dont l'intervention seule l'approprie au sens interne.

Parmi les lois primordiales de la pensée, Kant établit donc l'intuition de l'Espace et du Temps ; et tout en admettant une liaison entre ces deux intuitions, il donne le premier rang à l'intuition de l'Espace. Un pareil choix toutefois, semble indiquer qu'il a oublié la doctrine professée par lui dans l'Esthétique transcendentale. Là, il est dit en effet, que les représentations du Sens externe ne constituent pas seules la matière, attendu que nous les posons dans le Temps, qui précède par conséquent dans l'expérience toute conscience des représentations : le Temps est comme la loi formelle du mode par lequel nous les plaçons dans l'esprit. Sur ce fondement s'appuient les affections et relations des conséquents et des simultanés, et de ce qui est à la fois avec la raison des simultanés, c'est-à-dire du permanent.

Puisque le Temps est la forme du Sens intime, nous ne saisissons de nous-mêmes que des phénomènes qui s'écoulent en mouvantes séries, dont les différents points ne sont jamais fixés que dans l'autre forme de l'intuition, à savoir, l'Espace. Soumis à la condition du Temps comme les faits externes sont soumis à la condition de l'Espace, les faits intimes proviennent d'un monde tout aussi inconnu ; je puis être tout aussi étranger à leur origine. Ils viennent du noumène, d'une sphère inaccessible. Quant à notre existence substantielle et permanente, elle se dissipe et s'évanouit pour ne laisser plus du *moi* que deux formes vagues : l'Espace pour le Sens externe, le Temps pour le Sens intime. Tous ont un moi semblable, je suis porté à le croire, et je ne sais plus à quel signe distinguer la personnalité des autres et la mienne. Cette sorte d'unité établie par les formes vides ou les concepts de l'Intelligence, n'empêche pas l'existence de plusieurs *moi* dont aucun peut-être n'est le moi véritable. Kant dira volontiers avec Descartes : *Je pense;* mais il se gardera bien d'ajouter : *donc je suis.* Il nie qu'on puisse, par un procédé légitime, arriver de la pensée à l'existence substantielle avant d'avoir conscience de la permanence; mais rien ne la lui révèle, parce que la forme du Sens intime est le Temps; encore une fois, des successions, voilà tout ce qu'il peut apercevoir en lui-même.

Nous l'avons déjà remarqué, Kant dit bien que le Temps est la condition formelle *a priori* de tous les phénomènes en général, tandis que l'Espace, forme pure de toutes les intuitions externes, est restreint, en tant que condition *a priori*, aux seuls phénomènes extérieurs; par conséquent, toutes les représentations, qu'elles aient ou non des choses extérieures pour objet, appartiennent elles-mêmes à l'état intérieur, à titre de déterminations de l'esprit. Le Temps est ainsi la condition immédiate des phénomènes intérieurs et la condition médiate des phénomènes externes. En effet, je puis dire *a priori* : Tous les phénomènes intérieurs sont dans l'Espace; je puis dire aussi : Tous les objets des Sens sont dans le Temps, et tiennent nécessairement aux rapports du Temps.

Nous nous demandons, toutefois, s'il est bien facile à Kant de concilier ces assertions avec le passage de l'Analytique transcendentale, où il remarque que, pour penser les changements intérieurs, nous figurons par une ligne le temps, qui est la forme du Sens intime.

Pouvons-nous être satisfaits de la raison qu'il allègue : « Tout changement, dit-il, suppose quelque chose de permanent, même pour n'être perçu qu'à titre de changement, et dans le Sens intime ne s'opère jamais l'intuition du permanent. Il nous semble, au contraire, que l'intuition du permanent importe assez peu, si nous avons réellement conscience de notre identité. Si l'on veut faire de l'Espace un mode du Temps, le mode de la simultanéité, l'on pourra, à la rigueur, expliquer pourquoi le Temps se figure par ce mode, parce que toute succession et tout changement suppose, en effet, une permanence. Mais nous le rappellerons encore, la question est de savoir si nous n'avons pas conscience du permanent ou de l'identité en nous mêmes, quitte à les figurer dans l'intuition extérieure de l'Espace.

Que l'Espace soit conçu comme un tout absolu dont l'intuition préexiste dans notre sensibilité à toutes les impressions sensibles, et indépendamment de tous les objets qui doivent la remplir ; rien de mieux. Mais le Temps n'est pas donné, il se donne, il est *in fieri*, disent les scholastiques. En admettant donc que l'infinité du Temps passé soit donnée, l'infinité du temps à venir ne l'est pas. Si Kant considère ces deux infinis et les phénomènes qui les remplissent, et la pensée qui les mesure, comme un point, en un instant, à l'égard de la chose en soi qui les détermine par son action, nous avons bien la totalité du Temps, mais à la condition d'en sortir, pour entrer dans l'Eternité :

Sans doute la position prise par Kant pour étudier l'âme humaine est bien originale ; mais aussi, qu'elle est donc fausse ! Il interdit à la Philosophie la recherche du noumène, de l'absolu ; et il se place lui-même à ce point de vue. Se substituer pour ainsi dire à l'Être éternel pour juger les choses successives et passagères, est-ce là un procédé bien légitime ? Il faut compter, pour se le permettre, sur une prodigieuse longanimité de la part de ses lecteurs. C'est là ce qu'a fait le philosophe de Kœnigsberg ; il s'est placé vis-à-vis de l'esprit humain dans la situation du Dieu de Leibniz, en face de la Monade à laquelle il a donné d'un seul coup tous les états futurs enveloppés les uns dans les autres ; mais Dieu seul les comprend dans son Éternité simultanée ; la Monade n'en aperçoit que le développement successif.

Kant nous impose l'Éternité comme condition de la permanence de notre substance ; jusqu'à ce que nous possédions un être sans commencement et sans fin, nous n'aurons connaissance que de phénomènes éphémères et sans lien substantiel.

Sommes-nous bien forcés cependant d'accorder à Kant que tout est compris dans sa classification des phénomènes et des noumènes? Est-il vrai que tout noumène, par le fait qu'il tombe sous la loi de la représentation pour arriver à notre connaissance, passe alors à l'état de phénomène? Ne faut-il pas faire une exception en faveur de la pensée qui se saisit elle-même? N'est-ce pas là le noumène que nous cherchons et qui se révèle à nous à la fois dans ses modes et dans sa substance? Car enfin, si Kant n'admet pas avec Leibniz que la substance se réalise en se réfléchissant, qui résoudra cette antinomie d'un objet donné à la fois comme nécessaire et impossible à connaître? (1)

Si cette réalité mystérieuse qui semble se cacher sous le déterminisme des faits psychologiques échappe à toutes les prises de la con-

---

(1) Voir à la fin la note A.

science, si elle est en dehors des conditions de la pensée, il vous est interdit d'y penser et de lui donner un nom. Autrement, il faudra justifier votre choix par un appel à une réalité expérimentale d'un ordre quelconque : mais alors s'évanouit le fantôme que vous opposiez à tout phénomène et à toute expérience. Renoncer à le nommer c'est se contredire de rechef, en avouant qu'on n'en saurait avoir aucune notion, puisqu'il est en dehors de l'intelligence et de la pensée. Si ce noumène, dont une partie deviendrait phénomène à mesure que nous le connaissons, représente autre chose que la vérité qui ne se dévoile jamais tout entière à nos regards, il faut que Kant adopte la formule du mysticisme alexandrin : Σιγή καὶ Βυθός : le silence et l'abime ; tel est son dernier recours.

Le plus ou moins d'attention prêtée au premier ou au second point de vue indiqué par Kant a inspiré aux philosophes des opinions différentes sur la question du rapport du Temps et de l'Espace.

L'un fait dépendre le Temps de la nature métaphysique de l'Espace. (1) Nous ne pouvons nous représenter l'Espace, l'imaginer, dit-il, sans qu'aussitôt nous affirmions qu'il est, a toujours été et sera toujours, ce qui revient à le comparer à la triple détermination du temps. De là le lien inéluctable qui rattache les deux notions. De là suit encore l'explication des propriétés du Temps : *unique*, parce qu'il est la détermination d'un seul Espace ; *infini*, parce que l'Espace est sans bornes. Ce n'est, après tout, que l'espace privé de deux dimensions. Les parties du Temps sont susceptibles des mêmes divisions que celles de l'Espace ; dans un cas comme dans l'autre, elles sont similaires. Parce que tout phénomène se produit dans l'Espace, tout arrive dans le Temps. Nous ne pouvons jamais supposer l'anéantissement de l'Espace ; voilà pourquoi le Temps est nécessaire. Enfin la mesure du Temps est soumise à la mesure de l'Espace.

Cette explication donne la priorité à une forme sur l'autre, sans motiver une semblable préfé-

(1) M. F. Magy.

rence autrement que par des considérations arbitraires et fort contestables.

Aussi, un autre philosophe (1) se montre non moins affirmatif en défendant la thèse contraire ; il soutient qu'à la notion de Temps revient la priorité, et que la quantité simultanée ne nous est connue que par la quantité successive. En remuant mon bras, par exemple, je lui fais parcourir une étendue dont la somme est composée d'efforts musculaires, et mesurée par la durée de ces sensations. L'étendue des objets paraît plus grande ou moindre, lorsque l'effort musculaire est le même, selon que ces objets excitent dans les muscles une série plus ou moins considérable de sensations. Telle serait la condition imposée à la notion de distance, et la distance donnerait l'explication de la notion de corps et d'étendue.

Il semble que cette théorie ait le défaut grave de mêler et de confondre des choses tout à fait disparates, à savoir : les intervalles et la mesure de l'étendue. Ainsi, je parcours en la touchant,

(1) M. Taine.

l'étendue d'un tableau ; jamais je ne saurais de science certaine que j'ai parcouru une foule de points, si je n'avais possédé par avance la notion d'étendue. Cette notion supprimée, nous resterait-il autre chose qu'une série de sensations parties des muscles ? Est-ce que, par hasard, la notion d'étendue fera naître un sixième genre de sensations jusqu'ici inconnues : la force et la puissance qui apparaît dans la tension des muscles ? Ceci répugne aux notions les plus claires ! Qui peut se figurer l'étendue comme une sensation ? Ne nous affecte-t-elle pas plutôt comme une quantité ou un ordre de sensations dont le tissu enlace à la fois l'unité et la variété des points ? Démontrer la vérité de la doctrine de l'étendue connue par l'effort musculaire, c'est compromettre la notion d'Espace ; à moins que l'Espace ne devienne un mode de la durée et ne soit confondu avec le Temps. Mais le genre des choses étendues dans l'Espace ne peut rentrer dans le genre des choses qui se succèdent sans qu'on fasse violence à la Raison.

Peut-être ces difficultés et ces contradictions ne témoignent-elles que d'une chose, à savoir, de l'inanité de l'entreprise qui consiste à vouloir dériver l'Espace du Temps ou le Temps de l'Espace. Il serait alors plus sage de renoncer à réunir dans la même espèce les choses étendues et celles qui forment une mouvante série.

Si la coexistence et la série ont leur pluralité chacune, il y a deux espèces dans le genre pluralité.

En somme, l'Espace et le Temps semblent impliqués dans une réciprocité que rien ne peut détruire. Posez l'un des deux, et l'autre apparait inévitablement. Une loi de l'esprit veut qu'un jugement soit en germe dans chaque notion; voilà pourquoi il suffit de songer à l'Espace pour dire : il est, a été, sera toujours. Ici le Temps joue le rôle de prédicat de l'Espace, et c'est par lui que nous connaissons le sujet. Si donc, à sa première apparition, l'intuition primitive de l'Espace est rapportée immédiatement à la triple détermination du Temps, c'est que le Temps nous aide à concevoir l'Espace. Si l'un est donné par hypothèse comme le premier prédicat de l'autre, il se montre à l'esprit comme la première loi que l'Espace doit subir. De même le chiffre 1 est l'exposant de la première puissance ; ôtez l'exposant de A^1, alors A disparait et s'évanouit en A^0. Ainsi l'Espace séparé du Temps se réduit au néant ; et le Temps n'a plus que le rôle d'attribut possible et de forme pure. Il faut, pour les distinguer, un effort d'abstraction extraordinaire ; mais nous ne saurions les voir séparés dans la réalité. Quant à ceux qui prétendent expliquer la notion d'Espace par la notion d'éternité et de nécessité, ils se contentent d'une définition verbale fort peu différente de celle-ci : $A = A^1$.

D'un autre côté, le Temps séparé de la considération de l'Espace n'a rien que de très vague pour l'esprit, fort empêché de le mesurer sans mesurer l'Espace qui se figure par une seule dimension, la ligne.

Remarquons ici la sagesse de Leibniz ; sans s'arrêter aux rapports de l'un et de l'autre aussi longtemps que devaient le faire ses successeurs ; il les a définis par l'ordre dans la coexistence et dans la succession, ordre qui non seulement comprend les actuels, mais encore s'étend aux possibles.

Kant a donné de son système une exposition singulièrement embarrassée et difficile à suivre ; mais, ce qui est bien plus grave, il se laisse prendre en flagrant délit de contradiction, nous l'avons constaté. Peut être est-il retombé dans la même faute en examinant le système de Leibniz ; ou s'il faut s'interdire une pareille accusation, au moins ne peut-on s'empêcher d'avouer qu'il a suivi une marche très-indécise. Après avoir adopté longtemps la théorie leibnizienne, il la rejette dans le petit traité : *Des différentes directions de l'Espace* (1768). Deux ans plus tard, il adapte à ses vues nouvelles une théorie du temps qui en était le complément naturel. Mais il limite sa théorie à la sensibilité dans sa thèse inaugurale : *Des principes et de la forme du monde intelligible et du monde sensible.* « La sensibilité, dit-il, nous montre les choses comme elles paraissent. L'entendement nous les montre comme elles sont. » Plus tard, il réfutera opiniâtrement la doctrine leibnizienne, pour déclarer enfin au leibnizien Eberhard qu'il en est moins éloigné que lui.

Jusqu'à la publication de l'opuscule cité tout

à l'heure, il admettait la définition de l'Espace par l'ordre des coexistants actuels et possibles et par une sommation de rapports qui n'est jamais achevée. Tout à coup, il croit remarquer que certaines relations dépendent uniquement de l'espace, au lieu d'avoir pour fondements les corps ; telles sont celles, par exemple, qui ont trait à la direction : la droite, la gauche, la partie antérieure et postérieure, etc. Quoiqu'une chose placée à droite ou à gauche demeure parfaitement semblable à elle-même, nous n'en faisons pas moins la différence de ces positions successives. La distinction de la main droite et de la main gauche est fondée sur une certaine raison de dyssymétrie. Pourrions-nous expliquer autrement que ces deux mains identiques, quant à l'extension, ne soient jamais confondues ? Bien plus, la main unique, dont parle Kant, les spirales et les hélices qui se déroulent en sens contraire, qu'il aurait pu citer à l'appui de sa thèse, en un mot, toutes les figures indiscernables à l'intelligence, lui paraissent discernables par les déterminations de l'Espace. (1)

(1) V. sur le développement de la théorie criticiste la belle Leçon publiée par M. Paul Janet dans la Revue politique et littéraire (N° 24—13 Décembre 1873—Troisième année, 2° série.)

Nous croyons avoir repoussé toutes les attaques de cette nature en réfutant l'argumentation de M. Magy, et en montrant combien l'exemple du sphéroïde terrestre était peu probant. Écoutons donc les reproches plus graves et peut-être plus fondés que Kant peut avoir à faire au Philosophe de Hanovre. Leibniz, dit-il, est tombé dans l'Amphibolie transcendentale; comme tous ceux qui confondent les objets de l'intelligence pure avec l'intuition, il a pris les phénomènes pour des noumènes. Il n'aurait pas été le jouet d'une fausse image, et n'aurait pas dit que l'Espace et le Temps étaient dans les Monades des relations réelles de coexistence et de succession, s'il n'avait attribué aux choses la forme de notre Sensibilité. De là il s'est arrogé le droit d'émettre le principe de l'identité des indiscernables : deux gouttes d'eau ne seraient pas distinguées l'une de l'autre, si, semblables en quantité et en qualité, elles étaient comprises sous le même concept. Mais la goutte d'eau ne dépend pas seulement de l'Intellect ; de même que tout ce qui frappe nos sens, elle est dans l'Espace en tant que phénomène. Or chaque partie de l'Espace est située hors des autres ; elle peut en être distinguée au moins en ce qu'elle occupe des lieux divers. La condition imposée à l'intuition sensible a donc échappé à Leibniz. Nous avons eu déjà l'occasion de le faire remarquer, et c'est ici le cas de le répéter encore : avant d'accuser la doctrine leibnizienne d'inconséquence, il faudrait être bien sûr de l'avoir comprise. Leibniz a défini l'Espace l'ordre des coexistants, il en fait donc avant tout un rapport. Or toute relation suppose non-seulement deux ou plusieurs termes actuels ou possibles, mais encore un centre où ils soient réunis et perçus. Où peut donc être ce centre sinon dans l'esprit ? et quelle raison avons-nous de penser que Leibniz a placé les termes du rapport dans l'Espace extérieur, plutôt que dans l'idéale perception des Monades ? N'a-t-il pas expliqué lui-même l'homogénéité des parties de l'Espace en disant que les parties du lieu sont choses idéales et se ressemblent parfaitement comme deux unités abstraites ?

C'est ici surtout, dit Kant, que Leibniz s'est abusé ; car toutes les fois que nous prétendons que les choses nous sont données par les Sens telles qu'elles paraissent, et par l'Intelligence telles qu'elles sont, ce second point doit être pris au sens empirique, et non pas transcendental, c'est-à-dire que dans le tissu non interrompu des phénomènes, elles doivent être représentées comme choses soumises à l'expérience, et sans tenir compte de ce qu'elles paraissent hors de la relation avec les Sens, et objets de l'intellect pur. Car nous ignorerons toujours si la connaissance transcendentale à tout ordre est possible; nous ne saurons jamais par où, tout au moins, elle est soumise à nos Catégories. Les choses ne sont susceptibles de détermination que par l'union de la Sensibilité et de l'Entendement. Séparez ces deux facultés, vous avez des intuitions privées de concepts, ou des concepts vides d'intuitions. Restent les représentations que l'on ne saurait d'aucune manière rapporter à la chose objet.

Tous les griefs de Kant ne sont pas épuisés. Leibniz, nous dit-il, met en avant le développement interne des Monades; nous ne pouvons penser, en effet, aucun accident interne en dehors de ceux que nous offre le sens intime;

c'est-à-dire, ce qui est posé dans une pensée ou ce qui lui ressemble. Aussi, fit-il de toutes ces substances des sujets simples doués de la faculté représentative ; ce sont les Monades ; c'étaient pour lui les Noumènes, les parties qui composent la Matière, auxquelles il ôta d'abord tout ce qui peut être dit affections externes, pour les dépouiller ensuite de toute composition par la pensée. Mais comme l'intelligence veut qu'il y ait, au moins dans le concept, quelque chose pour les déterminer, la *Matière* précède la *Forme* dans le concept intellectuel pur. C'est pourquoi il prit tout d'abord les choses ou Monades, et leur puissance interne de représentation, pour y établir ensuite la communauté d'états, c'est-à-dire, le rapport extérieur de ces représentations.

De là, l'Espace et le Temps à titre de causes et de séries ; le premier, par la seule affection des substances ; le second, par l'enchaînement mutuel des déterminations. Mais c'est une erreur, parce que l'intelligence pure ne peut avoir un rapport immédiat aux objets ; ni le Temps ni l'Espace ne sont dans les déterminations des choses en soi. Ce ne sont que des formes de l'Intuition. Aussi ce philosophe attaché à la chose intelligible, n'a pu admettre que la forme précédât les choses elles-mêmes pour en déterminer la possibilité; système admissible et vrai pour celui qui pense que les choses paraissent telles qu'elles sont, quoique dans une pensée un peu confuse. Ayant comparé les choses par les seuls concepts, il ne devait y voir d'autres différences que celles par lesquelles l'intelligence distingue les concepts purs. Ceci l'a conduit à faire l'intuition intellectuelle, au contraire de Locke, qui avait ramené à la Sensibilité les concepts de l'Intelligence. Or, voulant comparer les objets des Sens comme choses purement intellectuelles, il s'est servi mal à propos non-seulement du principe des indiscernables, mais de cet autre : les réalités, comme seules affirmations, n'ont entre elles aucune contradiction logique. En admettant, en effet, la vérité de la loi des affections des concepts, on ne peut certes lui accorder aucune valeur; ni au point de vue de la nature, ni d'une chose en soi, puisque cette chose échappe à notre intelligence. Ne voyons-nous pas les contraires réunis quand on a $A - B = 0$, c'est-à-dire lorsque de deux réalités unies dans un sujet, l'une anéantit et supprime l'effet de l'autre; c'est ce que la nature nous explique par ses effets. Sans doute, des réalités universelles ne peuvent se contredire dans les choses. De là, les sectateurs de Leibniz professent non seulement la possibilité, mais la nécessité à titre de loi, de l'union de toutes les réalités dans une certaine nature, sans qu'on ait à craindre la contradiction. En fait d'antinomies, ils n'ont connu que celles de la contradiction, parce qu'elle détruit le concept même de la chose. Mais qu'ils méditent l'antinomie de la perte mutuelle, *(pugnam detrimenti mutui)*, qui consiste en ce qu'une cause détruit l'effet d'une autre; et ils verront bientôt que la pensée n'en est possible que si nous en saisissons les conditions dans le Sens. Il n'est donc pas permis de dire que toutes les réalités conviennent entre elles, parce que leurs concepts n'offrent pas de contradiction. Dans l'intuition sensible, la réalité nous est donnée comme mouvement, et alors les directions contraires sont des conditions dont nous nous éloignons dans le concept du mouvement; il résulte de ces conditions que le seul positif zéro = 0 , et certaines choses ont entre elles une opposition autre que l'opposition logique.

La thèse de Leibniz succombe-t-elle devant l'argumentation de Kant ? Nous ne le pensons pas, et nous ferons valoir pour la défendre les raisons suivantes :

1° Parce que Leibniz mettait les Sens dans le genre des représentations confuses et non pas dans les représentations particulières, ce n'est pas une raison pour considérer comme ébranlée et ruinée même, une doctrine si bien liée dans toutes ses parties.

2° Attaquer Leibniz en lui reprochant d'avoir cru voir et saisir les choses en soi, est le fait d'un esprit intempérant et peu maître de lui-même. Jamais Leibniz n'a pensé atteindre les noumènes ; il a espéré seulement s'en rapprocher le plus possible, en les demandant aux concepts plutôt qu'aux représentations confuses des choses.

Certes, Leibniz approuverait Kant lorsqu'il enseigne que nous avons en vain quelque chose de simplement et d'absolument interne, mais intérieur par comparaison ; et lorsque Kant ajoute :

mais cela même posé dans les relations extérieures (*sed ipsum vicissim in relationibus externis positum*), il ne peut être approuvé par personne; car il fait allusion ici au *Mécanisme* et met en avant une doctrine que Leibniz lui-même a surabondamment réfutée.

3º Prétendre que Leibniz ne connaît que le Principe de contradiction, c'est accuser une connaissance bien incomplète de la philosophie de l'illustre devancier que l'on critique, et faire croire que l'on a lu tout au plus les *Nouveaux essais*. Est-ce que Leibniz n'a pas parlé ailleurs du *Principe de l'universelle intelligibilité*? Éclairée par la lumière de ce principe, l'étude des causes finales, non seulement fait évanouir toute antinomie des réalités, mais elle la transforme en accord et en harmonie.

4º Croirons-nous sur la foi de Kant que Leibniz a posé l'antériorité de la Matière à la Forme? Mais il dit en propres termes, nous l'avons vu, que l'Espace ne résulte pas des Monades. De plus, quand il déclare que la Matière est un phénomène réglé sur les lois de la Raison, n'est-il pas d'accord avec l'enseignement de Kant affirmant qu'un lien rationnel unit l'espace concret et l'espace mathématique (1)? Nous dirons plus encore, nous trouvons que par des aphorismes tels que celui-ci : Dans l'Espace, comme dans les choses idéales, le tout est antérieur à la partie, Leibniz semble avoir dessiné les premiers traits d'un système qui devait être plus tard celui de Kant, parce qu'il ne lui laissait que l'alternative d'une erreur ou d'une redite. (2)

C'est ce dernier parti que choisit Kant ; lui-même nous autorise à le penser puisqu'il admoneste ceux qui interprètent la pensée de Leibniz dans un autre sens : Pourra-t-on jamais croire, dit-il, qu'un si grand mathématicien ait voulu composer les corps de Monades comme l'Espace d'éléments simples ? Non certes, il n'avait pas en vue le monde corporel, mais son *substratum* qui nous échappe, à savoir, le monde intelli-

---

(1) V. Réponse à Eberhard, B.

(2) Cf. Critique du Jugement § 77. — Ueberweg ne s'y est point trompé. En soutenant contre Michelet de Berlin que Kant n'avait jamais confondu le noumène subjectif avec le noumène objectif, il dit que pour quiconque saisit le véritable esprit du criticisme, cette doctrine est moins éloignée des *Monades* leibniziennes que des *Idées* de Fichte, de Schelling et de Hegel. (V. De priore et posteriore forma Kantianae Critices purae. — Berol, MDCCCLXII.)

ble constitué par l'idée simple de la Raison. Or, ici une loi de la pensée nous oblige à concevoir les substances comme composées d'éléments simples. Aussi, à la manière de Platon, il semble avoir accordé à l'esprit humain une intuition primitive de l'Intelligence : obscurcie aujourd'hui, elle n'en regarde pas moins des choses qui échappent au Sens. Il ne veut point qu'elle ait rapport aux objets qui affectent la Sensibilité; ceux-ci sont attribués par lui à l'Intuition propre qui nous fournit les seules notions possibles, à savoir les phénomènes et les formes intuitives. Il continue en ces termes : Rien ne s'oppose à ce que nous admettions ces propositions, quoique Leibniz ait appelé la Sensibilité une représentation confuse. J'irai plus loin, nous devons changer une telle définition plutôt que d'attribuer à Leibniz une doctrine dont les membres seraient mal assortis (1).

De ces passages et de bien d'autres encore, il est permis de présumer qu'une comparaison en-

---

(1) On est bien obligé d'avouer que Kant ne paraît pas toujours d'accord avec lui-même, ou l'on ne sait quelle interprétation donner au passage intitulé : *Scholion ad amphiboliam notionum reflexarum*.

tre Leibniz et Kant établirait que leurs systèmes offrent bien des analogies. Ni l'un ni l'autre ne veut entendre parler de la distinction entre l'Espace abstrait et l'Espace concret. Personne ne sut mieux que Leibniz l'usage du Schème et du Schématisme, quoiqu'il les étudiât sous des noms différents. Il eut consenti à voir dans l'Espace aussi bien que Kant le Schème de l'imagination.

Si Kant avait toujours aussi bien compris les principes posés par Leibniz, ou s'il ne les avait jamais perdus de vue, nous doutons fort qu'il eût institué la lutte de ses Antinomies.

Voyons, en tous cas, dans cette controverse célèbre de la Raison contre elle-même, ce qui se rapporte à notre sujet.

D'après la Thèse, le monde est limité dans l'Espace ; car, la conception du Temps infini rend seule possible la conception d'un monde infini dans l'Espace. En d'autres termes, pour acquérir la notion d'un Espace infini, il faudrait traverser un Temps infini. Mais le monde ne peut-être infini dans le temps que si une éternité s'est écoulée jusqu'au moment présent, ce que personne ne peut admettre.

Tout *quantum* infini, indéterminé, surpasse infiniment notre pensée finie et déterminée. Doués d'une intelligence bornée, nous ne pouvons comprendre un tout sans bornes et sans limites. Les deux seules méthodes possibles nous sont donc interdites, soit que nous voulions saisir d'un seul coup une totalité sans limites, soit que nous voulions épuiser une série illimitée par la révision successive des parties.

D'après l'Antithèse, le monde est illimité soit dans le Temps soit dans l'Espace. Si le monde n'était pas illimité au point de vue de l'extension, il serait dans l'Espace vide, et alors nous trouverions non seulement des rapports des choses dans l'Espace, mais des rapports des choses à l'Espace. Or, le changement du monde par rapport à l'Espace vide n'est qu'un changement par rapport à rien, ce qui est inintelligible et dénué de sens.

De la contradiction entre les propositions de la Thèse et de l'Antithèse, Kant conclut que la comparaison des notions du Monde, du Temps, de l'Espace, mène la raison à des conséquences où elle n'est pas d'accord avec elle-même.

Revenons à la Thèse et examinons la de près :

Selon Kant il n'y a que deux partis possibles, ou bien embrasser une totalité dans une seule intuition de l'esprit ; ou bien la concevoir par la répétition successive des parties. Mais il commet ici le sophisme appelé énumération imparfaite. Leibniz peut lui indiquer un troisième procédé, qui nous permet d'arriver à une conception du monde infini. Au nom du principe d'universelle intelligibilité, nous croyons qu'aucune raison *a priori* n'impose à un Dieu très-bon et très-sage la création d'un monde fini. Bien plus, de même que l'espace plein est meilleur que l'espace vide, un monde infini est supérieur à un monde borné, et il est plus digne de cette suprême intelligence et de cette souveraine bonté qui gouverne l'univers.

La lutte de la Raison contre elle-même est-elle plus sérieuse dans la deuxième Antinomie ?

Thèse : toute substance composée est composée de parties simples ; il n'y a rien qui ne soit simple, ou élément de composition.

Antithèse : Dans le monde, aucune chose composée n'a d'éléments simples, et ces éléments n'existent nulle part.

Ces deux alternatives avaient été discutées par Leibniz et Euler, et ils avaient certainement mieux développé la Thèse et l'Antithèse. Parler avec Kant de substances composées, c'est supposer par définition des substances simples ; mais alors il n'y a pas lieu à établir une Antinomie.

Nous préférons le langage de Leibniz : Tout être est simple, car s'il n'y avait rien de simple, il n'y aurait rien de composé. Leibniz soutient donc la thèse. Euler est pour l'antithèse. Kant hésite entre les deux, et pense que la raison n'a pas d'issue pour sortir de cette impasse. Ceux qu'il plait à Kant d'appeler les avocats des Monades, défendent assez maladroitement la Thèse, nous l'avouerons. Ils prêtent le flanc lorsqu'ils admettent que le corps est composé d'un certain nombre de Monades.

Aussi ont-ils bien de la peine à échapper aux coups que leur porte Euler après qu'il les a enlacés dans ses distinctions subtiles : Les Monadistes, dit-il, se livrent à de véritables arguties lorsqu'ils prétendent qu'au terme de toute division l'on trouve nécessairement des parties indivisibles. C'est prendre pour certain cela même qui est en question ; car il s'agit précisément de savoir si la division a une fin ou n'en a pas.

Euler poursuit sans relâche ceux qu'il appelle les Monadistes ; sans songer que leur doctrine n'est pas tout à fait celle de Leibniz, il croit avoir anéanti les deux du même coup. Mais il s'égare, et perd de vue le système leibnizien qui peut s'exprimer ainsi : Non seulement la Matière est divisible à l'infini, mais elle est actuellement divisée à l'infini. Cette disivibilité sans terme ni limite n'est point inconciliable pourtant avec la conception de la Matière composée d'éléments simples.

Un interprète sincère de la Monadologie ne renoncera donc pas à concilier la Thèse et l'Antithèse. Pourquoi en effet la Matière ne serait-elle pas composée de parties insécables et en nombre infini ; de telle sorte qu'on poursuivrait indéfiniment une division sans terme, la matière n'en restant pas moins insécable ? Que si Euler faisait appel de nouveau à la toute puissance de Dieu qui pourrait toujours résoudre un corps composé de parties divisibles à l'infini, nous n'avons plus alors ni tout ni parties : il n'y a ni divisibilité ni insécabilité ; ce qui existait a été réduit au néant.

Ne privons pas l'Antithèse d'un développement nécessaire. Supposez qu'une chose composée (en tant que substance) est formée de parties simples, puisque toute raison externe et toute composition doit résulter de substances dans l'Espace ; autant de parties a le composé, autant de parties l'espace qu'il occupe, et chaque partie du composé occupera nécessairement l'espace. Il remplit un espace simple, puisque les éléments du composé sont simples. Mais puisque toute réalité qui existe dans l'Espace est égale à ses parties, toutes douées non pas de simplicité, mais d'étendue, le simple se trouve donc dans un composé substantiel, en d'autres termes, le simple est composé, conclusion qui implique.

De l'Antithèse il ne suit qu'une chose, à savoir que les corps sont indéfiniment divisibles. Sans doute cela est en opposition avec la Thèse si l'on admet un nombre fini de Monades ou si l'on prend l'Espace pour un être réel. Mais si, au contraire, l'on considère les corps comme composés d'un nombre infini de Monades, et l'Espace comme une affection des Monades, la Thèse n'est nullement ébranlée.

Il faudrait se résigner, au contraire, à voir péricliter l'antithèse, si l'on admettait avec d'illustres Mathématiciens que l'on peut accorder la simplicité des parties des corps quoiqu'elles soient égales aux parties de l'Espace, à la condition d'admettre une partie d'Espace étendue et indivisible à la fois, comme la plus petite de toutes celles que l'on peut assigner : c'est aussi la solution adoptée par plus d'un philosophe de mérite, notamment par M. Ad. Garnier.

Elle ne nous semble pas exempte d'embarras lorsqu'on demande, en somme, quelle est la nature de cette partie. Elle est sans doute physique ou métaphysique, car les points mathématiques sont sévèrement écartés par l'auteur.

Physique, elle ne se distingue pas de l'atome. Métaphysique, elle est soumise, de l'aveu de l'auteur, à une divisibilité au moins idéale ; car la seule contradiction pourrait s'opposer à ce que la division fut prolongée sans fin, et la simplicité de la substance est le seul obstacle à cette division ; mais privée de l'extension, elle ne peut être considérée comme étant dans l'Espace, et il n'y a de simple au fond que ce qui résiste soit aux procédés mécaniques, soit aux opérations de la pensée.

Quant à reconnaître la simplicité de ce qui est soumis à une division même purement idéale, nous ne le pouvons pas. Or, appelez du nom qu'il vous plaira ce qui est étendu dans l'Espace, il ne vous suffira pas de dire : c'est la partie la plus petite possible, pour nous faire admettre qu'une étendue quelconque, même la plus petite, puisse être douée de simplicité. Une semblable étendue n'existe qu'à la condition d'avoir des parties les unes en dehors des autres. Aussi, lorsque les mathématiciens nous objectent leurs parties *minima* serions-nous tentés de proférer contre eux cet arrêt de Leibniz : *intelligere se credunt quae loqui didicere.*

Il faut pourtant bien vous rendre, dira quelqu'un, si vos organes n'atteignent pas la dernière partie des objets, et il y a un *minimum visibile* que vous ne dépassez jamais à moins d'avoir recours à des instruments artificiels, une loupe, un microscope. Alors, il est vrai, vous croyez avancer ; quelle erreur ! vous revenez simplement à des dimensions déjà perçues. Au lieu d'un progrès vous opérez une régression.

Nous n'ignorons pas que pour ébranler le nerf optique il faut une certaine quantité de mouvement au-dessous de laquelle la sensation ne peut se produire. Qu'en conclure ? c'est que nous percevrions des parties plus petites encore si nous disposions d'un microscope plus puissant, c'est-à-dire concentrant plus de rayons lumineux.

Si d'ailleurs les objets qu'on appelle étendus ont une essence qui les soustrait aux lois de l'étendue, nous échapperons par une formule nouvelle à la nécessité d'admettre dans les composés des éléments simples et remplissant cependant certaines parties de l'espace : par là sera résolue l'Antinomie. Cette essence est la qualité intensive qu'il faut absolument séparer de la quantité extensive, sous peine de n'en pas comprendre la nature.

Une telle séparation s'impose forcément d'ailleurs, s'il n'y a pas de notions qui répugnent plus entre elles que la notion de Force et celle d'Etendue :

L'Etendue a trois dimensions. La Force a une direction seulement.

L'Etendue est indéfiniment divisible. La Force est simple ; c'est improprement que l'on parle ici de composition et de résolution de quantités intensives.

L'Etendue est figurée ou figurable ; la Force ne frappe jamais le sens de la Vue.

L'Etendue est inerte ; la Force est active de sa nature.

La Force n'ayant aucune propriété géométrique, il en faut bien conclure qu'elle n'est pas comprise dans quelque chose d'étendu et ne comprend rien de tel. Elle ne saurait être représentée ni en contact avec un objet, ni à distance. Elle ne peut-être ni enveloppée ni enveloppante ; et son action ne se conçoit pas comme s'exerçant à distance, ou au contact. Enfin elle agit sans être agie, tandis que l'Étendue reçoit l'action sans réagir. (1)

De là donc l'impossibilité de les concevoir comme résidant dans un même sujet, sous peine de faire de la contradiction l'une des lois primordiales et essentielles de la pensée.

La réciprocité n'est possible que de la force à la force : les choses extérieures qui sont nôtres comme nos organes, ou celles qui nous sont étrangères, sont conçues comme des centres de forces inétendus. Placés à ce point de vue les Physiciens enseignent que ce qu'on appelle Matière ne diffère, ne se spécifie que par la quantité de Force. Il faut pour soulever un corps un effort qui corresponde à l'ensemble des forces inhérentes aux éléments qui le composent. La masse du corps est égale au rapport du nombre abstrait qui exprime le poids de ce corps à celui qui représente l'accélération de la pesanteur. Enfin il est facile de tirer cette grave conséquence de l'homogénéité métaphysique de toutes les cau-

---

(1) V. pour toute cette partie l'ouvrage de M. Mayy : *De la Science et de la Nature*.

ses naturelles : tous les agents, pesanteur, lumière, chaleur, électricité se réduisent à une force d'association ou de dissociation. Il n'y a point de vide ni physique, ni métaphysique, et les masses qui composent l'univers sont douées d'une fluidité relative. (1).

Résumons en quelques mots la théorie de Kant. Il explique l'idée d'Espace dans les termes qui suivent : « Il est bien évident que la forme pure de l'Intuition en tant qu'elle préexiste dans le sujet à toutes les impressions sensibles ne peut être limitée par rien. »

Cette explication nous paraît supposer ce qui est en question ; car, pourquoi la forme de l'Intuition ne serait-elle pas essentiellement limitée ? Pourquoi ne serait-ce pas une même forme qui

---

(1) Les doctrines de Leibniz et celles de Kant sur ce point sont à peu près identiques ; on peut s'en convaincre par la comparaison de certains passages des *Nouveaux Essais* et de la *Cosmologie rationnelle*. Leur génie semble avoir pressenti les conclusions auxquelles aboutit la science contemporaine. Comme eux, les savants croient à l'impossibilité des Masses continues, et en donnent de remarquables démonstrations. Le *Continu* serait donc un tout idéal, une sorte de projection de cet Espace intérieur que nous portons comme une forme toute prête, un *totum prius parte*, selon l'expression de Leibniz.

Sur la constitution de la Matière, on peut consulter les beaux travaux de J.-J. Ampère et de Marc-Antoine Gaudin, de Saintes. Ces deux savants voient dans les corps des points étendus, centres de forces qui se maintiennent à distance, et se manifestent à nous par l'attraction et la répulsion.

s'ajoute indéfiniment à elle-même et se déplaçant en quelque sorte, à mesure que nous essayons de la franchir, nous donnerait l'illusion de l'infinité? Vaudrait-il donc mieux dire que notre esprit enferme dans sa Sensibilité une sphère vide, d'un rayon rigoureusement infini? Ajoutez à cela que prétendre que nous ne connaissons pas les bornes d'une chose, ce n'est pas expliquer pourquoi nous croyons très-fermement que cette chose n'a pas de bornes.

Cette forme que l'on prétend exister en nous avant toutes les impressions sensibles, est-elle jamais vide de ces impressions? N'enveloppe-t-elle pas nécessairement une matière qui la remplit dans tous les sens, aussi bien en profondeur qu'en largeur et en longueur? Comment pouvons-nous donc savoir si l'espace préexiste en nous aux sensations? C'est sans doute une préexistence tout idéale : l'Espace sans contenu est une simple possibilité de Sensations; théorie qui revient à celle de Leibniz. La nécessité de l'Espace en tant que distincte de la contingence des Sensations est une simple hypothèse que rien ne peut vérifier.

Le rapport de l'Etendue des sensations à l'étendue de l'Espace reste inexpliqué dans la Critique de la Raison pure.

Enfin, l'hypothèse sur laquelle se fonde toute la théorie de Kant est celle-ci : *Les Sensations peuvent être actuelles, en tant que sensations, sans que nous en ayons la moindre conscience.*

Aussi l'Espace et les phénomènes qui le remplissent nous sont donnés dans leur totalité avant que nous les pensions ; il est même certain que nous n'en pensons jamais qu'une infiniment petite partie. L'Espace serait donc un immense et ténébreux récipient dans lequel se pressent et se rangent les phénomènes, avant que la lumière de la Conscience ait encore brillé sur eux. Mais de même que les rayons du soleil ne créent pas les objets dont ils dessinent les contours et les formes, de même les opérations des sens et de la pensée ne créent pas cet espace dont elles pénètrent peu à peu les replis. Les Anglais s'imaginent que nous faisons l'Espace ; d'après Kant nous le refaisons seulement. En vertu d'une tendance naturelle l'intelligence humaine se représente le possible sur le modèle de l'actuel, et prétend ensuite expliquer l'actuel par le possible.

IV. COMPARAISON

DES

DOCTRINES

Divers sens du mot Espace. — Analyse des Idées d'Étendue et d'Espace pur. Quatre caractères de l'Etendue. — Pluralité coexistante ; ordre de distance et de direction ; continuité ; divisibilité. — Caractères métaphysiques de l'Espace pur : Infinité ; Nécessité. — Nature de l'Intuition primitive qui sert d'origine et de fondement à l'idée d'Espace. — Comparaison sommaire entre Descartes Leibniz et Kant : Idées innées de Descartes ; Ordre de Leibniz ; Formes de la Sensibilité de Kant.

Est-il vrai que Leibniz ruine la nécessité des vérités géométriques ? A-t-il fait des Monades des êtres en soi constituant l'Espace ? Explique-t-il les caractères que que nous attribuons à l'Espace pur ? — Dans son système, l'infinité n'est pas actuelle. Il n'explique pas la nécessité et déclare qu'elle est fondée en Dieu. — On y trouve moins de difficultés peut-être que dans la théorie Kantienne. Ce qu'est devenue cette théorie dans le livre de la Science et de la nature, Essai de Philosophie première, par M. F. Magy.

IV. COMPARAISON

des

DOCTRINES

Avant de procéder à une comparaison sommaire et définitive des théories de Descartes, de Leibniz et de Kant sur l'Espace, nous devons mentionner une distinction familière à la philosophie contemporaine, et dont il est impossible de ne pas tenir compte alors même qu'on ne l'admettrait pas. On entend généralement par Espace deux choses : l'Etendue, qualité inséparable des corps, participant à quelques propriétés des corps eux-mêmes. Elle est *finie*, et par suite, *mesurable* et figurée : elle est *mobile* et *variable*. Cette notion a son origine dans la Perception extérieure ; son objet est connu par l'intermédiaire des sens.

On entend aussi par Espace, l'Espace pur, qui n'est ni une qualité, ni une substance, ni un ensemble de rapports, mais la condition d'existence des substances matérielles, de leurs qualités et de leurs rapports. On lui accorde les attributs suivants : il est *infini, incommensurable, informe, immobile, invariable*. On le considère même comme métaphysiquement nécessaire et absolu. Une semblable notion serait une idée pure de la Raison conçue à propos de la perception de l'Etendue.

Si l'on appelle quelquefois étendue toute portion limitée de l'Espace, il n'y a en ce sens, entre l'espace et l'étendue, qu'une différence de quantité ; l'un est le contenant, l'autre le contenu ; c'est le tout et la partie.

Il nous est difficile de considérer l'idée d'espace comme une idée pure, et d'en abstraire d'une façon absolue tout élément sensible et imaginable. Analysons à ce point de vue les éléments contenus dans l'Idée d'Espace, et nous y trouverons :

1º Idée de *pluralité coexistante*. Si nous voulions réduire l'espace à n'être que la totalité des coexistences, nous serions forcés d'ajouter, que le lien de ces coexistences est précisément l'Espace. Il est vrai que la coexistence des faits psychologiques dans la Conscience est indépendante de toutes les relations d'espace.

2° Il y a donc entre les éléments de l'Espace d'autres rapports, ou pour mieux dire, leur coexistence a un caractère spécial, c'est l'ordre de *distance* et de *direction*.

En considérant le Temps comme l'ordre des successions, l'on reconnait la nécessité d'une série d'intermédiaires intercalés entre deux événements quelconques qui ne sont pas immédiatement successifs. Dans la pure coexistence il n'y a rien d'analogue ; il faut donc y ajouter l'autre élément indiqué tout à l'heure, pour arriver à l'idée d'espace; c'est la notion d'une proximité ou distance entre les éléments coexistants, la position de chacun étant déterminée par la totalité de ses rapports de distance avec tous les autres. A cette idée est invinciblement liée celle de direction, qui ne parait pas plus que l'autre pouvoir être attribuée exclusivement à l'Entendement pur, sans qu'il y entre une part d'imagination. Nous croyons avec Leibniz qu'il est impossible de concevoir la distance sans rapporter expressément cette conception à une intuition sensible. (1)

3º Le troisième caractère de l'Espace est *la continuité*, c'est-à-dire la contiguïté de toutes les positions successivement occupées par un mobile. L'Entendement peut-il concevoir comment une telle contiguïté se concilie avec la distinction des positions ? Il semble qu'il soit nécessaire pour cela d'emprunter le secours de l'intuition. De plus, l'homogénéité absolue de tous les éléments de l'Espace ne les rend-elle pas indiscernables pour l'Entendement ; et peuvent-ils être distingués autrement que par leurs positions, c'est-à-dire, leurs distances réciproques ? Comme ces distances elles-mêmes supposent des points de repère, il en résulte qu'il faut distinguer certains éléments de l'espace par des déterminations spéciales, afin de leur rapporter ensuite tous les autres éléments.

Or ces déterminations ne peuvent être que physiques, comme des centres de couleur, ou psychologiques, comme des centres de forces ;

---

(1) Cf. Leibniz, Corresp. avec Clarke. Lettre v, § 8 et 9, § 47.

de toutes façons il faut admettre le recours à l'intuition.

4° L'*Étendue* et la *divisibilité* sont essentielles à toutes les parties de l'Espace. Ainsi, cet élément dont nous déterminons la position, en déterminant ses rapports de proximité et de distance avec d'autres semblables, doit avoir lui-même une certaine propriété : il doit être étendu, en d'autres termes, avoir lui-même une pluralité d'éléments coexistans ; et chacun des éléments de cette pluralité doit avoir à son tour le même caractère, et ainsi de suite à l'infini. De même chaque partie successive du Temps a une durée ; c'est-à-dire, est elle-même une totalité de successions.

Une pareille idée semble incompréhensible pour l'Entendement : cette subdivision indéfinie de l'étendue est un progrès qui n'avance pas, ou un mouvement identique au repos. Opérez sur l'Espace tout entier ou sur une partie de l'Espace, ou sur un élément de cette partie, le résultat est toujours le même. Essayez de construire l'Espace avec des notions purement intellectuelles, il se réduit à une pluralité d'éléments qui se pénétrent les uns les autres et se confondent dans l'unité indivisible du point. Ici encore nous sentons la nécessité d'un rapport à l'intuition.

L'Espace sera donc la totalité de positions homogènes coexistantes, chaque position étant elle-même une totalité, qui aura tôt ou tard des relations avec toutes les positions possibles, et chaque unité de position étant choisie d'une façon tout arbitraire.

De ce qui précède il semble résulter que toute partie de l'Espace est divisible à l'infini ; cependant on peut soutenir avec Clarke que toute division de l'Espace est fictive, et n'aboutit à rien. En effet, pour que deux parties de l'Espace pussent être séparées, il faudrait qu'elles fussent distinctes l'une de l'autre et qu'il n'y eut pas d'intervalle entre elles ; ce qui reviendrait à demander une distance entre deux points, sans espace intermédiaire qui permit de la mesurer. Deux parties de l'Espace ne peuvent pas plus être divisées que confondues. Supposons qu'un point de l'Espace est divisé en deux points, il se trouve que chacun des deux est identique à celui que nous avons cru diviser ; il n'y a donc pas eu de division réelle. Peut-être gagnerait-on à dire que l'Espace est non pas divisible, mais toujours limitable ; d'autant plus qu'on peut se demander si une chose indéfiniment divisible n'est pas par cela même indivisible. Les prétendues divisions successives ne seraient alors qu'une même tentative de division indéfiniment répétée, et toujours aussi impuissante à entamer l'indivisible.

Nous avons deux cercles concentriques. Tirons de la circonférence du grand cercle cinquante rayons. Ces rayons coupent la circonférence du petit cercle en autant de parties que la circonférence du grand, et ils aboutissent tous au centre. Mais là ils tombent tous sur le même point qui leur sert de limite commune.

Prenons maintenant deux points d'espace pur. Peut-on, oui ou non, les pénétrer l'un par l'autre. Il semble qu'ils ne puissent être en contact que par une ligne intermédiaire, c'est-à-dire par ce qui représente une action ou un mouvement de l'un sur l'autre. Car s'ils se touchent immédiatement, ils sont dans le cas du centre de tout à l'heure qui peut servir d'extrémité à cinquante, à mille rayons. Deux points qui se pénètrent se confondent ; et d'un seul vous ne pouvez plus en faire deux.

Bref, la question semble pouvoir se réduire aux termes suivants : L'espace pur étant ce que les philosophes des siècles précédents appelaient d'un autre nom, *le continu*, demandons-nous si l'on peut séparer le continu en divers éléments, sans cesser, par le fait, de l'envisager à titre de continu. De même, chercher si l'on peut, oui ou non, séparer deux parties d'espace pur, c'est se demander, au fond, si l'on peut cesser de l'envisager à titre d'espace pur. C'est confondre, d'une manière inconsciente, les deux aspects sous lesquels s'offre à nous la quantité extensive que nous envisageons tantôt comme constante ou continue, et tantôt comme variable ou discrète.

En résumé, l'Espace se résout essentiellement dans l'idée d'une distance entre des éléments homogènes. Or, est-ce bien là une idée véritable ? N'est-ce pas plutôt une représentation sensible ? De plus, l'entendement peut-il concevoir une distinction telle que la distinction de lieu, ou position déterminée par la distance, entre des éléments qui sont identiques à tous autres égards ? N'y a-t-il pas nécessité de distinguer les éléments coexistants par des signes, et par conséquent appel à l'Intuition ? Les caractères métaphysiques de l'Espace pur sont :

1° L'Infinité : par-delà toute limite à l'Espace, encore et toujours s'étend l'Espace. Dire qu'il est infini, c'est dire qu'il n'a d'autre limite que lui-même. Avons-nous la perception intuitive de ce caractère ? Il est difficile de le penser. Il ne faudrait rien moins, pour cela, que croire que nous occupons nous-mêmes l'infinité de l'espace. A ce point de vue, l'Espace semble redevenir une idée purement rationnelle; ou tout au moins faut-il dire que la croyance à l'infinité de l'espace pur, est, ce semble, une croyance produite en nous par la Raison.

2° La Nécessité : Nous concevons l'Espace comme ne pouvant pas ne pas exister, et, par suite, comme ayant toujours existé et devant exister toujours. De là suit l'Éternité, qui ne nous est évidemment pas plus perceptible que l'infinité ; c'est encore ici un objet de croyance et non pas de science. Percevons-nous du moins la nécessité de l'Espace? Il semble plutôt que la Perception ne nous fasse connaître que des réalités actuelles, sans nous renseigner en aucune façon sur la raison de leur existence. Nous retrouvons encore ici la croyance : or, comme la Raison est la faculté de concevoir le nécessaire et d'y croire, n'en résulte-t-il pas que l'Espace est une idée de la Raison ?

Il suit de ce qui précède que l'Idée d'Espace pur a son origine première dans l'Intuition ; par suite, malgré tous les éléments rationnels ou intelligibles qu'elle contient, elle est toujours susceptible d'une représentation imaginaire. Il est vrai qu'une pareille représentation ne peut être considérée comme l'expression adéquate de l'idée d'espace. En effet, bien qu'elle en reproduise les caractères principaux : *pluralité coexistante, distance, contiguïté, homogénéité, étendue*, etc.; il en est deux qu'elle ne peut reproduire : l'*Infinité* et la *Nécessité*.

Elle ne les représente au moins que d'une façon indirecte et détournée : ainsi, quand nous essayons d'imaginer une borne à l'espace, nous nous heurtons à une impossibilité manifeste : notre imagination se représentant la limite, il se trouve que l'espace est au-delà comme en deçà de la limite même. Nous essayons vainement d'imaginer le néant de l'Espace; notre tentative n'aboutit pas. Notre imagination ne se représentant rien que dans l'Espace, lui demander d'imaginer le néant de l'Espace c'est lui demander d'imaginer l'absence d'imagination.

Quelle est donc cette intuition primitive qui sert d'origine et de fondement à l'idée d'Espace ?

Est-ce une intuition de la Raison qui saisit immédiatement un objet extérieur ayant les qualités que nous lui reconnaissons dans son idée ? Telle serait l'opinion de Descartes et après lui de Reid, Royer-Collard, Ad. Garnier, etc. — Est-ce tout simplement une intuition sensible ou perception extérieure qui exigerait, pour parfaire la notion d'Espace, le concours de l'Imagination et de la Raison combinées ? Ainsi l'entendait Leibniz (1).

(1) Il faut avouer que les partisans de cette hypothèse ne considèrent pas, à proprement parler, l'intuition de l'Espace comme une intuition primitive. L'idée d'Espace n'est pour eux qu'un résultat complexe et dérivé, suite naturelle, mais non nécessaire des lois de la Sensibilité et de l'Intelligence humaines. — Les Anglais ne reconnaissent d'autre origine à l'idée d'Espace que les Sens et l'Association. Leurs explications varient selon qu'ils s'attachent au sens de la Vue, du Toucher et du sens musculaire, ou à ces deux derniers sens réunis. M. Taine essaie de rendre compte des notions d'étendue et de

Est-ce enfin une intuition de la Sensibilité ou faculté représentative qui n'a pas d'objet extérieur, l'Espace étant la représentation pure qui sert de condition *a priori* à toutes les représentations empiriques? C'est l'hypothèse de Kant et de M. F. Magy.

Comparons maintenant les résultats obtenus par les trois grands philosophes que nous avons interrogés sur l'origine de l'idée d'Espace.

Descartes d'abord, en véritable nominaliste, pensait que l'Extension en général pouvait être commune à tout, même au vide s'il y en avait, et il estime que les controverses, en pareil cas, portent sur des mots plutôt que sur des choses. Ces termes : lieu, espace, se rapportent au corps, car ils désignent sa grandeur, sa figure et sa situation parmi les autres corps. Ajoutez à cela

corps par l'idée de distance qui aurait pour condition une série de sensations musculaires de nos membres, ou une série de petites sensations musculaires de l'œil; celles-ci très-courtes par nature, pourraient, dans un intervalle de temps imperceptible, signifier de très-grandes distances et des positions à la fois très-nombreuses et très-variées. On se demande ce que deviendrait cette explication du simultané par le successif, s'il était constaté, comme le prétendent certains savants que le champ visuel s'étend sur la largeur de l'ongle lorsque le regard se porte à la longueur du bras. Voilà donc une étendue relativement considérable qui peut-être embrassée sans aucun mouvement. Est-ce à dire que le mouvement s'effectuerait par l'addition de surfaces semblables? — Mais alors la théorie ne tient pas tout-à-fait ce qu'elle avait promis.

que l'étendue et l'impénétrabilité, considérées comme puissances, reviennent à une idée simple; la simple vue de l'esprit suffira donc à la découvrir (1). Une pierre est corporelle, dit-il, parce qu'elle s'étend en longueur, largeur et profondeur. L'esprit seul peut donc séparer l'espace du corps par sa faculté d'abstraction. Pour avoir l'idée de l'Espace de Descartes, il faut penser à la Matière essentiellement étendue, éloigner toutes les notions adventices et factices, et considérer avec la simple vue de l'esprit, l'idée innée, seule claire, distincte et évidente (2).

(1) Quid erat igitur in ea (cera) quod tam distincte comprehenderetur ? Certe nihil eorum quae sensibus attingebam; nam quaecumque sub gustatum vel odoratum vel visum vel tactum, vel auditum veniebant, mutata jam sunt, remanet cera.... Quid extensum ? Num quid etiam ipsa ejus extensio est ignota ? Nam in cera liquescente fit major, majorque rursus si calor augeatur ; nec recte judicarem quod sit cera, nisi putarem hanc etiam plures secundum extensionem varietates admittere quam fuerim unquam in imaginando complexus ; superest igitur ut concedam me *mente percipere*..... Atqui quod notandum est, ejus perceptio, non visio, non tactio, non imaginatio est, nec unquam fuit, quamvis prius ista videntur, sed solum, *mentis inspectio.* » (IIa Meditat).

(2) Pour s'assurer que telle est bien la théorie de Descartes, il suffira de se reporter aux Principes de la Philosophie I, 67 ; II, 13. — Toute la réalité des universaux est dans les modes de la pensée et dans l'expression d'une réalité ou d'un être dont ils nomment un attribut perçu par notre pensée. Ainsi, pour Descartes, l'Espace et la Durée sont des modes de penser à la Substance qui s'étend et continue d'être. Le lieu est un mode de penser aux corps et à leur situation respective. Le temps est un mode de penser au mouvement ou changement de lieu, en tant qu'il dure. — (Voir pour toute cette partie, l'ouvrage si remarquable de M. Ch. Renouvier sur l'histoire de la Philosophie moderne.)

D'un côté, l'on reconnaît une certaine analogie entre cette idée innée de Descartes et la Forme de la Sensibilité dont parle Kant. De l'autre, on se demande ce qui empêche le philosophe français d'aboutir à cette formule de Leibniz, dont sa théorie le rapprochait sans cesse : l'Espace est l'ordre des coexistants. Il est vrai qu'il est bien loin d'accorder au tout la priorité sur les parties ; il prétend, au contraire, que les parties prises ensemble constituent le tout. C'est qu'un obstacle presque insurmontable l'empêchait d'apercevoir la question sous le même jour que Leibniz. Cet obstacle c'est la théorie scholastique de l'idée, dont il ne parvint jamais à se débarrasser tout à fait (1). De plus, Descartes

(1) Pour Descartes l'Entendement est passif, et reçoit des objets une impression qui se distingue par plus ou moins de clarté ; les idées ne sont que les modifications causées par les objets. Les idées factices sont des composés imaginaires d'idées adventices. Celles-ci semblent nous arriver par l'intermédiaire des sens et naissent à l'occasion des mouvements transmis au cerveau par les objets matériels. « Les organes des Sens ne nous apportent rien qui soit tel que l'idée formée à leur occasion. »
(Lettres, II 55.)

Mais alors tout serait donc en puissance dans notre esprit ? Descartes le dit dans les termes suivants : « Ce ne sont pas des idées représentées dans quelque partie de notre esprit, comme un grand nombre de vers dans un manuscrit de Virgile, mais elles y sont en puissance comme les figures dans la cire. » (Rép. à Régis. — V. Ed. Cousin x, 70.) Il semble donc, à ce compte, que tout soit inné, et ce nouvel aspect de la théorie Cartésienne la rapproche singulièrement des vues de Leibniz et de Kant sur l'antériorité du tout par rapport à la partie. — Ici encore, l'Harmonie préétablie est une suite inévitable du système.

avait prononcé une parole célèbre : « Donnez-moi de l'Étendue et du Mouvement et je ferai le monde. » Mais en confondant l'Espace et le Corps, ne s'infligeait-il pas à lui-même un démenti ; car, il place l'espace dans le corps inerte, et l'extension est jointe à la figure. Y a-t-il quelque chose qui reproduise d'une façon plus inexacte l'ensemble des corps qui composent l'univers? L'Esprit, en effet, n'en a d'autre idée que celle qu'il a de lui-même, c'est-à-dire l'idée d'un ensemble de forces analogues à lui.

Que serait donc l'Extension privée de toute Force? Elle ne saurait avoir de Mouvement. Et pourtant nous ne connaissons le monde que par le mouvement réel, manifestation de toute puissance, ou par le mouvement idéal que nous supposons partout, alors même qu'il nous échappe. Enfin, en admettant que la notion d'Étendue soit simple, il n'en est pas de même de la notion de Mouvement.

Nous avons remarqué l'embarras de Descartes, toutes les fois qu'il s'agissait de se prononcer sur l'infinité de l'Espace confondu avec le monde des corps. La nécessité d'un pareil Espace serait pour lui la source de difficultés autrement graves, puisqu'il n'aurait le choix qu'entre ces deux alternatives : ou bien poser en face l'un de l'autre deux êtres nécessaires ; ou bien dire avec Spinoza que l'un est un mode l'autre.

Descartes et Leibniz avaient parfaitement compris que l'Espace est partout où il y a de la Matière. Mais chacun d'eux a su approprier cette vérité à une doctrine différente. Leibniz se sépare en effet de Descartes par cette profession de foi si nette et si explicite : Je ne veux pas que l'on m'accuse de confondre l'Espace avec la Matière : je tiens seulement à établir un point, c'est qu'il n'y a point d'Espace là où il n'y a point de Matière, et que l'Espace lui-même ne possède point de réalité absolue. Il y a la même différence entre l'un et l'autre qu'entre le Temps et le Mouvement. Quoique différents l'un de l'autre, ils sont réunis par un lien que rien au monde ne saurait trancher. (1)

Leibniz écarte donc ces notions auxquelles correspondent à peine des phénomènes, et il se prépare à renverser l'idole de l'Espace en nous aver-

(1) V. Leibniz, Edit. P. Janet, t. 1 p. 666.

tissant de ne point essayer de placer l'ordre et les relations dans les choses extérieures : L'Espace, dit-il, ne résulte pas des Monades ; et si quelqu'un vient à le considérer comme constitué par des points objectifs formant un ensemble dont chaque détail pourrait être distingué par les signes a, a', a", a''' etc., etc., il déclare hautement qu'une semblable conception est contraire à sa pensée.

Il interdit à tout jamais, du reste, une interprétation semblable à ceux qui savent comprendre ces paroles : « Nulla substantia in Spatium porrigitur. »

Ajoutez à cela que les Monades parfaitement closes n'ont ni portes ni fenêtres ouvertes sur le monde extérieur pour s'y répandre ou en recevoir quoi que ce soit. (1)

---

(1) L'on n'a que l'embarras du choix entre les textes qui établissent si nettement la pensée de Leibniz : « Monades enim esse partes corporum, tangere sese, componere corpora, non magis dici debet, quam hoc de punctis et animabus dicere licet. Et monas, ut anima, est velut mundus quidam proprius, nullum commercium dependentiae habens nisi cum Deo. »
(Epist. ad des Bosses — XVIII.)

« Monades enim per se ne situm quidem inter se habent, nempe realem, qui ultra phaenomenorum ordinem porrigatur. Unaquaeque est velut separatus quidam mundus, et hi per phaenomena sua consentiunt inter se, nullo alio per se commercio nexuque.
(Id. XVI.)

« Explicationem phaenomenorum omnium per solas Monadum percep-

Veut-on une explication plus claire encore, si cela est possible; il faut relire le passage capital, selon nous, où Leibniz a dévoilé toute sa pensée : « L'Espace infini n'est pas l'immensité de Dieu; l'espace fini n'est pas l'étendue des corps, comme le temps n'est point la durée : Les choses gardent leur étendue, mais elles ne gardent point toujours leur espace. Chaque chose a sa propre étendue, sa propre durée ; mais elle n'a point son propre temps, et elle ne garde point son propre espace.

Voici comment les hommes viennent à se former la notion de l'Espace. Ils considèrent que plusieurs choses existent à la fois, et ils y trouvent un certain ordre de coexistence suivant lequel le rapport des uns et des autres est plus ou moins simple. C'est leur situation ou distance. Lorsqu'il arrive qu'un de ces coexistants change

---

tiones inter se conspirantes, seposita substantia corporea, utilem censeo ad fundamentalem rerum inspectionem. Et hoc exponendi modo spatium fit ordo coexistentium phaenomenorum, ut tempus successivorum ; nec ulla est monadum propinquitas, aut distantia spatialis, vel absoluta, dicerequo esse in puncto conglobatas, aut in spatio disseminatas, est quibusdam fictionibus animi nostri uti, dum imaginari libenter vellemus, quae tantum intelligi possunt. In hac etiam consideratione nulla occurrit extensio aut compositio continui, et omnes de punctis difficultates evanescunt. Atque hoc est quod dicere volui alicubi in mea Theodicaea difficultates de compositione continui admonere nos debere res longe aliter esse conspiciendas. »
(Epist. ad des Bosses. Erd. p. 682.)

de ce rapport à une multitude d'autres, sans qu'ils en changent entre eux ; et qu'un nouveau venu acquiert le rapport tel que le premier avait eu à d'autres, on dit qu'il est venu à sa place, et on appelle ce changement un mouvement qui est dans celui où est la cause immédiate du changement. Et quand plusieurs, ou même tous, changeraient selon certaines règles connues de direction et de vitesse, on peut toujours déterminer le rapport de situation que chacun acquiert à chacun, et même celui que chaque autre aurait ou qu'il aurait à chaque autre, s'il n'avait point changé, ou s'il avait autrement changé. En supposant ou feignant que parmi ces coexistants il y ait un nombre suffisant de quelques-uns, qui n'aient point eu de changement en eux ; on dira que ceux qui ont un rapport à ces existants fixes, tel que d'autres avaient auparavant à eux, ont eu la même place que ces derniers avaient eue. Et ce qui comprend toutes ces places, est appelé Espace. Ce qui fait voir que pour avoir l'idée de la place, et par conséquent de l'espace ; il suffit de considérer ces rapports et les règles de leurs changements, sans avoir besoin de se figurer ici aucune réalité absolue hors des choses dont on considère la situation.

Leibniz comprend que tous les termes d'une pareille controverse doivent être éclaircis ; il essaie d'y arriver pour ne laisser plus aucune prise à ses adversaires : Pour donner une espèce de définition, place est ce qu'on dit être le même à A et à B, quand le rapport de coexistence de B avec C, E, F, G, etc. On pourrait dire aussi, sans ecthèse, que place est ce qui est le même en moments différents à des existants, quoique différents, quand leur rapport de coexistence avec certains existants, qui depuis un de ces moments à l'autre sont supposés fixes, conviennent entièrement. Et existants fixes sont ceux dans lesquels il n'y a point eu de cause du changement de l'ordre de coexistence avec d'autres ; ou (ce qui est le même) dans lesquels il n'y a point eu de mouvement.

Après ces nouvelles définitions nous aurons une idée encore plus nette de l'Espace, aussi l'auteur y revient-il avec une insistance qui ne nous fatigue pas parce qu'elle n'a pas pour résultat une répétition stérile, mais répand sur le sujet une lumière inattendue. Enfin, Espace est ce qui résulte des places prises ensemble ; et il est bon ici de considérer la différence entre la place, et entre le rapport de situation qui est dans le corps qui occupe la place. Car la place d'A et de B est la même ; au lieu que le rapport d'A aux corps fixes, n'est pas précisément et individuellement le même que le rapport que B (qui prendra sa place), aura aux mêmes fixes ; et ces rapports conviennent seulement. Car deux sujets différents, comme A et B, ne sauraient avoir précisément la même affection individuelle ; un même accident individuel ne se pouvant point trouver en deux sujets, ni passer de sujet en sujet. Mais l'esprit non content de la convenance, cherche une identité, une chose qui soit véritablement la même, et la conçoit hors de ces sujets ; et c'est ce qu'on appelle ici place et espace. Cependant cela ne saurait être qu'idéal, contenant un certain ordre où l'esprit conçoit l'application des rapports : comme l'esprit se peut figurer un ordre coexistant en lignes généalogiques, dont les grandeurs ne consisteraient que dans le nombre des générations, où chaque personne aurait sa place. Et si l'on ajoutait la fiction de la Métempsychose, et si l'on faisait revenir les mêmes âmes humaines, les personnes y pourraient changer de place. Celui qui a été père ou grand'père, pourrait devenir fils ou petit-fils, etc. Et cependant ces Places, Lignes et Espaces généalogiques, quoiqu'elles exprimeraient des vérités réelles, ne seraient que choses idéales.

L'exemple suivant est encore plus topique, s'il est possible, pour bien faire ressortir la tendance de l'esprit à se former, à l'occasion des accidents qui sont dans les sujets, quelque chose qui leur réponde hors des sujets : La raison ou proportion entre deux lignes L et M, peut être conçue de trois façons : comme raison du plus grand L au moindre M ; comme raison du moindre M au plus grand L ; et, enfin, comme quelque chose d'abstrait des deux, c'est-à-dire comme la raison entre L et M, sans considérer lequel est l'antérieur ou le postérieur, le sujet ou l'objet. Et c'est ainsi que les proportions sont considérées dans la Musique. Dans la première considération, L le plus grand est le sujet, dans la seconde, M le moindre est le sujet de cet accident que les Philosophes appellent relation ou rapport. Mais quel en sera le sujet dans le troisième sens ? On ne saurait dire que tous les deux L L et M ensemble, soient le sujet d'un tel accident; car, ainsi, nous aurions le même accident en deux sujets, qui aurait une jambe dans l'un et l'autre dans l'autre, ce qui est contre la notion des accidents. Donc il faut dire que ce rapport, dans ce troisième sens, est bien hors des sujets; mais que n'étant ni substance ni accident, cela doit être une chose purement idéale dont la considération ne laisse pas d'être utile.

Leibniz achève ces considérations en faisant remarquer que l'artifice dont il se sert pour venir à bout d'une définition difficile et même à peu près impossible, consiste à imiter Euclide. Ce grand géomètre embarrassé de définir la Raison arrive à son but par un détour, en définissant les mêmes Raisons; ainsi la notion de place se comprend par l'explication du sens de même place. Enfin il signale à notre observation ce fait que les hommes d'imagination, après avoir vu les traces laissées sur les immobiles par les mobiles, se figurent souvent quelque trace, lors même qu'il n'y a aucune chose immobile : « mais cela n'est qu'idéal et porte seulement que s'il y avait là quelque immobile, on l'y pourrait désigner. Et c'est cette analogie qui fait qu'on s'imagine des places, des traces, des espaces, quoique ces choses ne consistent que dans la vérité des rapports, et nullement dans quelque réalité absolue. »

Il suffit de jeter un coup d'œil d'ensemble sur la théorie leibnizienne pour y remarquer ce trait saillant parmi les grandes lignes qui la composent : la multitude des perceptions qui du sein de la Conscience d'une Monade semblent jaillir comme d'une source, est telle que l'auteur postule toujours pour elle l'étendue. C'est ici un trait de ressemblance de plus avec Kant.

On nous accusera peut être de voir partout des analogies, d'effacer, d'atténuer tout au moins les inégalités, les dissemblances. Loin de les dissimuler, nous les mettons en lumière quand elles se rencontrent. Leibniz ne distingue pas en réalité l'étendue des perceptions et les perceptions elles-mêmes. Considéré à part de toute sensation, l'Espace est pour lui une forme abstraite et pure, une simple possibilité qui doit quelque réalité seulement aux sensations actuelles. Tant s'en faut que Kant fasse de l'étendue une propriété inséparable des sensations qu'il la rend au contraire absolument dépendante de la forme antérieure imposée aux sensations. (1)

L'Espace de Leibniz est proprement un tout idéal qui embrasse l'ordre et les relations non-seulement entre les coexistants, mais entre les possibles ; et nous pensons que cette possibilité indéfinie qui dépasse toutes les existences données, a trait à la Perception, mais non pas aux Monades.

Lorsque Leibniz nie la possibilité du mouvement quant à l'Espace en général, et prétend qu'il ne peut se produire que par rapport aux corps déterminés, changeant de lieu sans que l'ordre soit altéré en rien, l'on peut lui objecter que la réalité du mouvement ne dépend pas de

---

(1) V. Leibniz. Lettre V à Clarke. — Cf. Kritik der reinen Vernunft, passim.

l'observation : ainsi, supposez un corps se mouvant dans le vide, pourra-t-on déterminer les situations diverses qu'il occupe? A cela Leibniz répond que sans doute le mouvement ne dépend pas de l'observation, mais qu'il ressort de l'observabilité. A cette parole, je redouble d'attention et j'hésite, il me semble que j'entends le langage et les termes même, dont se sert en pareil cas le philosophe de Kœnigsberg.

On s'étonne après avoir constaté de semblables rapports que Kant ait cru opposer à Leibniz des objections bien redoutables. Il le prend très-haut cependant au début de la Critique de la Raison pure, et son premier grief ne va rien moins qu'à l'accuser de détruire la nécessité des vérités géométriques. Mais ne pourrait-on pas dire que l'Espace pur étant une représentation de nature très-complexe, à laquelle les sens n'ont contribué que pour une faible part, et dont nous pouvons à la rigueur déterminer les éléments, les propriétés de cette représentation sont nécessairement celles que nous lui attribuons? Car il est impossible que d'une même hypothèse l'on tire deux séries de conséquences opposées. Quiconque se représente l'Espace comme nous, doit lui attribuer les mêmes théorèmes que nous. Reste à savoir, il est vrai, s'il est nécessaire que tous les hommes construisent leur représentation d'Espace de la même façon; et si, en supposant cette nécessité, il en résulte que les choses, objets extérieurs ou sensations, doivent se conformer à notre construction et aux conséquences auxquelles elle sert de base.

La deuxième difficulté a été résolue, et nous ne pensons pas qu'on puisse douter sérieusement quand on connaît les textes de Leibniz, si l'ensemble d'objets coexistants qui nous donne lieu de concevoir l'idée d'Espace est une collection d'objets semblables, un phénomène, une perception, ou bien s'il est un ensemble d'êtres en soi, de Noumènes, pour parler comme Kant, de Monades, selon le langage de Leibniz. Les Monades ne peuvent être objet de Perception. L'ensemble des objets coexistants dont il parle est donc bien évidemment un phénomène.

Que si l'on demandait à Leibniz : d'où vient le caractère de toutes nos sensations ? car, chacune de ces choses dont vous parlez a un caractère dont vous ne parlez pas, elle est étendue. Comment font-elles toutes partie d'un ensemble où elles peuvent aussi se remplacer toutes successivement, dans la possession d'un même rapport de situation ou de distance, à certains points supposés fixes ? Si quelqu'un, dis-je, posait cette question, la solution la plus probable qu'il y pût trouver lui montrerait les deux théories leibnizienne et Kantienne sur les confins l'une de l'autre, à ce point que l'on ne sait plus guère chez qui l'on se trouve. La réponse, en effet, est que nous nous représentons tous les objets comme situés dans un cadre que nous transportons partout avec nous, cadre dont ils peuvent occuper indifféremment telle ou telle partie.

Oui, encore une fois, Leibniz semble supposer tacitement que la totalité des perceptions qui remplit à un moment donné la conscience d'une monade humaine est une totalité de perceptions *coexistantes étendues*; et si l'on remarque qu'il en est ainsi de toutes les perceptions à quelque moment qu'elles apparaissent dans la conscience, on conviendra qu'il n'y a pas une bien grande différence entre Kant et Leibniz.

Nous l'avons dit, Leibniz ne considère pas l'étendue des perceptions comme quelque chose de réellement distinct des perceptions elles-mêmes ; c'est une propriété qui leur est inhérente. Pour Kant, au contraire, cette propriété est un résultat de l'existence d'une forme antérieure aux sensations qu'elle reçoit, et qui, par conséquent ne saurait en dépendre. N'est-il pas vrai pourtant, que nous ne percevons jamais l'espace sans le percevoir en même temps comme occupé par quelque objet sensible ? Où donc Kant prend-il le droit d'affirmer que l'Espace préexiste en nous à toutes les sensations ? Il ne peut être question ici que d'une préexistence tout idéale et logique plutôt que chronologique, et le mot de Leibniz nous revient forcément à la mémoire : *in Spatio... ut in idealibus totum est prius parte.*

Leibniz semble postuler *a priori*, moins peut-être l'intuition d'espace, que *l'étendue* et la *situation*, comme des propriétés essentielles de tous les phénomènes de notre sensibilité, en tant qu'ils forment des groupes dans notre conscience, et toute sa théorie vise à expliquer comment étant donnés des phénomènes de sensibilité marqués de ces caractères, nous pouvons en extraire, par l'analyse, l'idée d'Espace(1).

Ainsi cette notion est ramenée à la totalité des rapports de situation ou de distance que les choses peuvent successivement et indifféremment occuper les unes à l'égard des autres dans l'unité de notre apperception, laquelle enveloppe à chaque instant un groupe de perceptions déterminées. Le tort de Leibniz, et c'est un tort bien grave, est de ne pas dire assez expressément si les choses dont il s'agit sont les choses visibles ou tangibles. Il semble pourtant en appeler à la Vue dans les exemples que nous avons cités. Il faut avouer que sur ce point Kant est resté pareillement dans un vague dont il ne s'est jamais départi.

Nous savons désormais ce que Leibniz peut opposer aux attaques de ses plus illustres adversaires. Demandons nous maintenant s'il explique les caractères que nous avons assignés à l'Espace pur.

(1) V. Lettre v loc. laud.

Sans doute la *distance* et la *contiguité* sont facilement explicables si l'on admet que l'étendue sensible est le type sur lequel nous concevons l'Espace.

D'où vient l'homogénéité? De ce que les parties du lieu, prises en elles mêmes, sont des choses idéales ; ainsi elles se ressemblent parfaitement comme deux unités abstraites ; mais il n'en est pas de même de deux *uns* concrets, ou de deux temps effectifs, ou de deux espaces remplis, c'est-à-dire véritablement actuels.

D'où vient à son tour cette idéalité des parties du lieu ? Sans doute de l'abstraction (1).

Nous formons l'idée d'étendue abstraite exactement comme celle du nombre abstrait (2).

L'Etendue de choses situées dans l'Espace est, comme on l'a vu, ce que Leibniz n'explique pas. Il est cependant amené à résoudre cette étendue en une pluralité de choses coexistantes déterminables dans leur situation par leur distance à deux points fixes arbitrairement choisis. Leibniz ne le dit pas en propres termes, mais on peut le

(1) V. Nouv. Essais liv. II ch. 4.
(2) Lettre V. §§ 18, p. 67.

conjecturer du passage suivant : on objecte que l'Espace ne saurait être un ordre de choses coexistantes, par conséquent, la quantité d'espace (l'étendue) peut devenir plus grande ou plus petite, l'ordre des coexistences demeurant le même. Je réponds que cela n'est point ; car, si l'espace est plus grand, il y aura plus de choses coexistantes interposées ; et s'il est plus petit, il y en aura moins, puisqu'il n'y a point de vide ni de condensation ou de pénétration, pour ainsi dire, dans les lieux non plus que dans les temps (1).

L'Espace tel que Leibniz se le représente, n'est pas en soi mesurable : la mesure se rapporte à telle étendue actuelle que l'on compare avec telle autre étendue ; mais si l'on essaie de déterminer la quantité d'espace comprise entre deux limites, (ce qui précède et ce qui suit), on est immédiatement lancé dans un progrès à l'infini : le nombre des intermédiaires est rigoureusement illimité quelque rapprochées ou quelque éloignées que soient les limites.

Il est juste d'avouer que ce n'est pas une difficulté propre au système de Leibniz.

1) Lettre v, 10. 11.

Pour ne pas croire que l'étendue se ramène à la coexistence, il faudrait admettre des parties d'étendue *minima* dans l'Espace. Mais comme les parties de l'Espace étant inséparables sont indistinctes, cette théorie qui paraît assimiler l'étendue de l'espace à celle de la Matière, où il y a non seulement distinction mais discontinuité entraîne des difficultés considérables.

Leibniz pouvait admettre la divisibilité à l'infini de l'espace, et expliquer cette propriété en disant qu'une fois la division commencée, l'espace étant absolument similaire dans toutes ses parties, il n'y a pas de raison de s'arrêter nulle part, en vertu du Principe de la Raison suffisante.

L'Espace de Leibniz est-il infini? Non; il n'a pas, du moins, une infinité actuelle; c'est une infinité possible ou un indéfini. (1) Nous concevons la possibilité de déterminer indéfiniment le rapport de situation d'objets nouveaux à des objets déjà connus, et c'est là ce qui constitue l'infinité de l'Espace. En réalité l'étendue actuelle, d'où nous tirons l'idée d'Espace, est toujours finie;

---

(1) V. Nouveaux Essais, liv. II, ch. XVII, § 3.

la seule chose qui soit infinie et sans bornes, c'est le pouvoir que nous avons d'ajouter des perceptions les unes aux autres par la pensée, comme Dieu a le pouvoir de nous fournir indéfiniment de nouvelles perceptions. Nous concevons l'infinité de l'Espace de la manière suivante : prenons une ligne droite et prolongeons la, en sorte qu'elle devienne le double de ce qu'elle était. Il est clair que la deuxième étant semblable à la première, et pouvant être doublée de même, pour avoir la troisième qui est toujours semblable aux précédentes, la même raison a toujours lieu, et il est impossible qu'on soit arrêté. Aussi la ligne peut être prolongée à l'infini, de sorte que cette considération de l'infini vient de la similitude et de la même raison. (1) Ainsi l'idée de l'infini, de l'absolu, de la raison suffisante est l'un des facteurs de l'idée d'espace.

D'où vient la nécessité que nous attribuons à l'espace ? Leibniz ne le dit pas. Il affirme cependant que la réalité de l'Espace est fondée en Dieu; aussi bien que la réalité des vérités éternelles (2).

(1) Nouv. Ess. liv. II ch. XVII § 3.
(2) Nouv. Ess. liv. II ch. 13 § 17 et plus loin ch. XIV § 26.

L'espace est de la nature des vérités éternelles qui regardent également le possible et l'existant. (1) Mais cet ordre de coexistants qu'on appelle l'Espace est-il une simple possibilité, n'est-il pas nécessaire ? Il semble, par moments, que Leibniz fait de cette possibilité la condition de coexistence des substances créées, et transporte aux choses ce que nous trouvons applicable aux seuls phénomènes. Il dit bien : s'il n'y avait point de créatures, l'Espace et le Temps ne seraient que des Idées de Dieu ; mais il ne dit pas si l'Espace et le Temps représenteraient alors l'ordre de coexistence et de succession des créatures ou seulement celui de leurs perceptions. Peut-être Leibniz aurait-il expliqué la nécessité de l'Espace en disant que comme rien n'est perceptible ou observable pour nous qui ne soit en relation de distance avec des objets également perceptibles ou observables, supposer la suppression de l'Espace, ce serait supposer l'absence de toute perception, et par conséquent de tout objet en même temps que de toute pensée ou de tout sujet.

(1) V. Id. ib. ch. XV § 4.

En résumé, Leibniz explique l'idée d'Espace par un travail de la Raison discursive sur les perceptions ; mais il suppose, par là même, que les perceptions sont réellement étendues et entretiennent des relations de distance. Il admet en outre que ces relations sont soumises à des lois nécessaires, ce qui revient à dire, semble-t-il, que nos sensations ont nécessairement certaines propriétés qui ne peuvent être que ce qu'elles sont. Par là, Leibniz a devancé Kant puisqu'il impose à nos Sensations une forme nécessaire.

Tout en offrant un modèle anticipé au philosophe de Kœnigsberg, Leibniz a produit une doctrine qui, à un certain point de vue, est sujette à moins de difficultés, n'y eût-il dans la Critique de la Raison pure que l'absence d'explication au sujet du rapport de l'Etendue des Sensations à l'Espace pur. (1)

(1) Sur les propriétés géométriques de l'Espace, nous ne trouverions rien chez Leibniz qui correspondît aux discussions actuelles des Allemands et des Anglais. Exceptons en toutefois le passage suivant : « M. Bayle a soupçonné que le nombre des dimensions de la Matière dépendait du choix de Dieu..... mais il n'en est pas ainsi..... le nombre ternaire est déterminé non pas par la raison du meilleur, mais par une nécessité géométrique. C'est parce que les géomètres ont pu démontrer qu'il n'y a que trois lignes droites perpendiculaires qui se puissent couper dans un même point. » (Essai sur la bonté de Dieu part. III, 351.)

La théorie Kantienne a été examinée déjà sous tant d'aspects que pour avancer, il vaut mieux, peut-être, étudier un système qui s'y rattache par une filiation bien constatée. — Nous surprendrons beaucoup, sans doute, le très-docte auteur de la Science et de la Nature, en disant qu'il n'y a entre sa théorie et celle de Kant qu'une différence d'interprétation, car il a mis la même âpreté à réfuter l'auteur de la correspondance avec Clarke et l'auteur de la Critique. Pourtant, il en faut prendre son parti : Sur la question de l'Espace M. Magy est un continuateur de Kant à sa manière. L'âme, d'après Kant, ne saurait être modifiée sans recevoir ces modifications dans une forme que sa Sensibilité porte toute prête, et qui est l'Espace. M. Magy, avec certains physiologistes contemporains, se représente la Sensation, non comme une modification passive, mais comme une réaction ou une énergie. Cette question de physiologie ou de psychologie ne touche en rien au fond du problème de l'Espace. Mais attendons. Pour M. Magy la passion n'est ni reçue, ni par conséquent représentée dans la Conscience; à proprement parler, c'est un intermédiaire qu'il supprime tout à fait. L'action, la réaction est seule perçue par l'âme ; or cette réaction de l'âme après avoir produit la représentation de l'Étendue lorsqu'elle s'adresse aux objets externes par l'intermédiaire des organes, donne naissance à la représentation de l'Espace, lorsqu'elle a pour terme immédiat les organes internes. Le corps organique étant le seul objet qui exerce sur l'âme une action constante, il en résulte que l'âme ne cesse pas un seul instant d'avoir l'idée d'Espace. Or cela ne revient-il pas à dire que l'âme ne peut sentir, c'est-à-dire recevoir une impression de l'extérieur, sans se la représenter dans une forme qu'elle peut elle-même immédiatement produire ?

La théorie de M. Magy consiste donc à attribuer l'origine de l'idée d'Espace à un Sens particulier que, d'après des précédents, on peut dénommer le Sens vital, en expliquant toutefois ce terme, qui signifie selon les circonstances deux choses bien distinctes.

1° C'est le Sens par lequel nous avons la perception intuitive de l'étendue de notre organisme, cette étendue étant considérée comme une propriété objective d'une chose également objective, et la perception des affections de toute nature.

2º Le Sens qui produit, par une réaction de l'âme, l'étendue subjective, et les affections, soit en toute circonstance, soit en de certaines occasions, pour répondre à l'action de nature inconnue qu'exercent sur elle les forces imperceptibles du corps.

Entre ces deux significations M. Magy a choisi la seconde.

Avant de faire intervenir le Sens vital pour nous donner la solution dernière d'un problème aussi grave, au moins faudrait-il avoir traité deux questions préjudicielles que le savant philosophe a passées sous silence. Il faudrait, par des arguments sérieux, prouver l'existence d'un sens vital, lorsque cette existence a été contestée par des savants comme Müller qui se borne à en faire une dépendance du toucher.

Il faudrait ensuite s'interroger sur la nature de ce sens, voir à la suite d'expériences multipliées si les sensations qu'on lui rapporte ne sont pas presque toutes sourdes et indistinctes, n'offrant d'ailleurs aucune étendue appréciable. Les sensations du Sens vital ou *Sensus vagus* comme l'appelle Kant (1), sont le chaud et le froid, le frissonnement, l'effort musculaire, la lassitude, la soif et la faim ; il faut y ajouter les sensations viscérales, les plaisirs et les douleurs physiques ; mais ici encore nous retrouvons en action les mêmes nerfs qui ont été désignés par Müller comme les organes du toucher. (2)

M. Magy prétend que les sensations vitales sont sans étendue. Nous les percevons néanmoins comme situées dans des lieux distincts, plus ou moins éloignés les uns des autres ; et cela, parce que nous avons dès l'origine, la connaissance de l'étendue tangible extérieure de notre corps qui ne peut être rapportée qu'au toucher proprement dit et à la vue. Ceci posé, peut-on bien appeler *Espace* cette dispersion de points sensibles, dont les distances ne sont

---

(1) V. Anthropologie ; passim.
(2) Ce serait omettre un acte de justice et renoncer à un plaisir que de ne pas citer les deux Etudes si intéressantes *sur le Frisson et les Sensations de froid perçues dans les maladies*, et *sur les effets physiologiques et thérapeutiques des Aliments d'Epargne*, par notre ami, nous n'osons plus dire notre ancien élève, le Docteur A. Marvaud, professeur agrégé au Val de Grâce. — (Strasbourg, 1866, et Paris 1871.)

représentées que très confusément, à intervalles discontinus, et dont en tout cas les derniers sont situés à la surface du corps. Si c'est là ce que nous devons considérer comme l'étendue et les limites de l'Espace pur, nous ne pouvons nous empêcher de remarquer qu'il n'y a rien de distinct dans une pareille idée ; or l'idée d'Espace est parfaitement claire et distincte. En outre, l'espace du Sens vital a des bornes, nous venons de le constater ; et à supposer que l'esprit humain n'en pût *concevoir* les bornes que pourtant il *perçoit*, serait-ce une raison pour qu'il affirmât l'infinité de cet espace ? Or l'Espace pur est conçu par nous, non pas comme se terminant en un point inconnu ou mal connu, mais comme ne se terminant nulle part.

L'Espace du sens vital ne nous paraîtra pas *infini*, à proprement parler, mais *indéfini* ; c'est-à-dire que tout en n'en percevant pas actuellement les limites réelles, nous en concevrons les bornes possibles. Nous nous verrons dans cet espace, comme l'enfant au milieu d'une chambre obscure : il n'y trouve aucun obstacle, mais il peut craindre que le moindre mouvement ne soit pour lui l'occasion d'en rencontrer. Chez l'homme qui a de l'expérience, on voit la réaction de l'âme contre l'action immédiate d'un organe produire le même effet que la réaction contre l'action médiate ; l'amputé se plaint d'une douleur au pied.

Telle n'est pas la vraie notion d'Espace, avons-nous besoin de le redire encore ?

La notion de l'Espace tel que le comprend M. Magy nous sera fatalement imposée sans doute par l'union de l'âme avec le corps ; mais nous ne le concevrons que comme une conséquence forcée de l'union de l'âme et du corps sans oser jamais en proclamer la nécessité universelle et inconditionnelle.

L'union des deux substances sera la condition de la production de l'idée d'Espace indéfini, au même titre que le contact de l'étincelle et de la poudre est la condition de l'explosion.

Mais au-dessus de cet espace plutôt mal défini qu'infini, nous concevons un espace infini, dont la cause doit être tout autre que l'union de l'âme et du corps et la réaction de l'âme contre les organes.

En résumé ; le Sens vital, sentiment de la réaction plus ou moins variable que l'âme exerce contre le corps, ou bien est *inconscient et aveugle* à cause de la continuité ; ou il ne consiste qu'en une série décousue de sensations éparses d'une étendue très-bornée ou même nulle, que l'usage de la vue et du toucher, tant actif que passif, nous enseigne seul, avec l'aide de l'imagination, à rapporter à des points le plus souvent indéterminés de notre organisme ; mais cette localisation commence de si bonne heure qu'il est à peu près impossible d'en assigner l'origine.

M. Magy, avons-nous dit, a développé l'hypothèse de Kant, nous devons ajouter qu'il l'a compliquée. Le philosophe allemand soutient, (bien à tort selon nous), que nous pourrions avoir l'intuition pure de l'Espace, forme sans matière, forme qui est en même temps la matière de l'intuition. Le philosophe français, transformant en réalité ce qui n'était chez Kant qu'une simple possibilité logique, s'imagine que nous saisissons directement l'Espace pur dans la réaction de notre force hyperorganique contre le cerveau. En réalité cependant, nous n'avons conscience que d'une action constante contre laquelle nous réagissons plus ou moins énergiquement. Mais cette action dont le sentiment est chez nous très-vague, n'est représenté dans aucun espace, et loin que nous la localisions dans le cerveau, il nous semblerait plus juste de dire qu'elle paraît s'exercer plutôt dans les organes de la respiration et l'appareil circulatoire. Le mouvement de va et vient, l'action de détente et de contraction des muscles qui vont du cœur au cerveau sont bien les actions corporelles qui accompagnent le plus constamment nos états intérieurs : or, la sensation que nous en avons n'est liée à l'espace que d'une façon bien indirecte.

M. Magy nous paraît avoir pris pour un fait simple, primitif, ce qui n'est qu'un fait complexe et dérivé : il a voulu substituer à la vue et au toucher un sens qui en somme, ne vit que d'emprunts faits à la vue et au toucher lui-même, de là sa tentative infructueuse d'expliquer les caractères de l'Espace.

On dira peut-être que l'origine de la représentation d'Espace pur est dans la réaction constante de l'âme contre la partie centrale du cerveau qui lui est le plus intimement unie, et l'on prétendra expliquer par là les rapports de l'étendue visible ou tangible avec cet espace. Mais, outre que cette théorie suppose l'étendue objective du cerveau, et la distinction locale des organes qui le composent, elle ne nous dit pas pourquoi certains sens n'étendent pas leurs perceptions dans une partie de l'espace dont l'âme occupe le centre, et dont le Sens vital trace incessamment les rayons inégaux et discontinus : ainsi le goût, et plus encore l'odorat et l'ouïe. Ces sens n'auraient-ils pas besoin de traverser le milieu concentrique à l'âme, cause efficiente ou tout au moins occasionnelle de la représensation d'espace pur, pour faire parvenir jusqu'à elle des sensations qui leur sont propres ?

Nous nous demandons si le fait d'avoir attribué à l'Espace pur une origine non seulement distincte, mais séparée de celle de l'étendue visible ou tangible n'est pas le symptôme accusateur d'un procédé arbitraire et artificiel, et si l'auteur ne devait pas voir qu'il édifiait une théorie ruineuse en multipliant ainsi les espaces sans nécessité ? Car enfin, quel rapport concevoir entre l'espace *informe et indéterminé* produit par la réaction de l'âme contre l'action générale des forces organiques, et cet espace en quelque sorte plus lucide, plus saisissable, où elle se représente les objets qu'elle voit et qu'elle touche, espace plus spécialement produit par sa réaction contre les centres nerveux du toucher et de la vue?

A des présomptions aussi graves vient se joindre l'infraction d'une loi psychologique. S'il est une loi incontestée de la Conscience, c'est que toute action ou passion continue devient insensible ; comment donc l'âme peut-elle avoir ce sentiment de sa réaction continue contre les forces cérébrales ? L'auteur nous parle sans cesse d'activité, d'énergie de réaction ; mais c'est une singulière énergie, il faut l'avouer, que celle qui consiste à produire non pas un effort, une tension, une pression, une résistance : mais.... une figure à trois dimensions : longueur, largeur et profondeur ! Certes, l'énergie, si toutefois elle existe ici, est une énergie bien secrète, et l'on est contraint d'avouer que l'on en chercherait vainement une autre qui lui ressemblât même de loin !...

Non seulement M. Magy n'explique ni l'infinité ni la nécessité de l'idée d'Espace ; mais après avoir protesté bien haut contre les tendances de l'école empirique, il fait lui-même à l'empirisme la plus belle et la plus large part, en lui abandonnant la géométrie. Est-ce bien en effet l'espace du sens vital, et n'est-ce pas plutôt celui de la Vue et du Toucher qui est l'objet de cette science ? N'arrive-t-il pas à cette conclusion en tout cas, que, l'Espace et ses propriétés ne sont pas plus nécessaires que la lumière, ou le son, ou la résistance, puisqu'après tout, la réaction et l'énergie d'un sens est analogue à l'énergie d'un autre sens ?

En somme, si la théorie de l'Espace proposée par M. Magy était vraie, il s'ensuivrait que nos sensations étant des réactions de l'âme soit directes sur les organes internes, soit indirectes contre les objets extérieurs par l'intermédiaire des organes, l'on ne saurait plus où retrouver cet élément passif que la théorie classique donne comme le caractère propre de la Sensibilité. Or y a-t-il, et y aura-t-il jamais une démonstration de l'activité de nos Sens ? Parmi les Physiologistes les uns croient que les sensations vont, pour ainsi dire, des objets à l'âme, sans aucune réaction de la force hypérorganique. Les autres prétendent que dans le fait de la Sensation, les Sens déploient une activité qui leur est propre et qui constitue la spécificité de chacun d'eux. Si cette dernière théorie est adoptée, il faut revenir à la vieille doctrine aristotélique d'après laquelle la Sensation est l'acte commun du Sensible et du Sentant, et admettre une réciprocité d'action inexplicable; à moins que ce dernier caractère ne nous paraisse une confirmation de l'Harmonie préétablie.

Enfin, il résulterait de la théorie de M. Magy qu'il y a pour nous trois sortes d'Espace dont il est fort difficile de concilier l'existence.

1° Cet Espace infini ou indéfini que révèle à l'enfant le Sens vital lorsqu'il n'a point exercé les sens de la Vue et du Tact. Il doit lui sembler alors qu'il est dans un abîme sombre et sans limites qui sera éclairé plus tard par de nouvelles sensations.

2° Il a bientôt la perception d'une autre étendue appelée, de l'acte qu'il accomplit, étendue visuelle ; c'est celle qui sert de support à la couleur.

3° Il ne tarde pas à percevoir l'Etendue tactile, sans cesse mêlée et confondue avec l'autre dans la pratique psychologique où les facultés entrecroisent leur trame sans fin ; toutefois, cette étendue est forcément séparée de la première dans le cas de cécité.

Quels sont les rapports de ces trois sortes d'étendue? C'est ce qu'il est à peu près impossible de dire sans tomber dans les contradictions signalées plus haut. Le grand défaut de Kant et de M. Magy c'est, à notre sens, qu'après avoir placé l'Espace en nous, ils n'ont pas cessé de l'imaginer, ou plutôt de confondre l'imagination avec l'idée. L'image qu'ils se forment de l'Espace est obscure ; l'idée de l'Espace est très-claire. Le vulgaire se représente l'Espace comme l'immensité du ciel ou de l'éther enfermant un nombre infini d'objets ; que Kant transporte au-dedans de nous cette région immense et ténébreuse ; il nous laisse toujours en face d'une image qui efface l'idée. Concevoir l'étendue elle-même sans mélange de sensations, c'est avoir l'idée ; voilà pour le point de vue objectif ; mais retournons la situation, et n'envisageons que le subjectif. Ici, porter en nous cette forme de l'Espace sans les sensations qui viennent la remplir, c'est bien avoir une forme pure, mais elle est vide, et nous n'en avons pas conscience. De même, quelle conscience aurons-nous de cet Espace interne décrit par M. Magy, s'il n'est pas rapporté à quelque chose comme l'étendue colorée, l'étendue tangible, ou l'étendue de distance? C'est une idée, dites-vous, avouez au moins que c'est une idée bien différente des autres, qui sont pour ainsi dire voilées ou étouffées par les Sensations, tandis que celle-ci attend de la Sensation toute sa lumière et sa vie ! (1)

(1) Un savant anglais, M. HUXLEY, a voulu expliquer la notion d'Espace par l'exercice d'un Sens particulier : *Le Sens musculaire*. Le mouvement de nos membres, surtout lorsque nous luttons contre la pesanteur, nous donne le sentiment de l'effort qui diminue avec la résistance pour nous laisser, à l'extrême limite, le sentiment d'une entière liberté d'agir. Telle serait, d'après lui, l'origine de la notion d'Espace. « Mais, ajoute-t-il, si la liberté de se mouvoir dans toutes les directions est la véritable essence de la conception de l'Espace, avec les trois dimensions que nous obtenons par le Sens du toucher, et si cette liberté de se mouvoir n'est en réalité qu'un autre nom pour le sentiment d'un effort que rien ne contrarie, accompagné de la perception du déplacement, il est certainement impossible de concevoir un tel espace comme existant indépendamment de l'esprit qui a conscience de l'effort. »

Que ces explications constituent une démonstration particulière de la subjectivité de l'Espace, nous ne voulons point le nier. Mais nous pensons que l'illustre anglais est dupe d'une erreur singulière, en confondant ici la condition avec la cause véritable ; et quant à voir dans sa théorie la repro-

M. Magy n'est pas moins sévère pour Leibniz que pour Kant; mais ici encore sa critique n'obtient pas un heureux succès, et il nous semble, dans ces deux occasions, comme prédestiné par un sort assez bizarre à continuer les doctrines qu'il estime avoir victorieusement renversées. Ainsi, il a longuement démontré que l'Etendue est un phénomène subjectif ou un symbole, sans essayer de dire ce qui lui correspond dans les objets. Mais lorsque deux choses nous apparaissent comme étant plus près ou plus loin l'une de l'autre, cela ne suppose-t-il pas un certain ordre de coexistence entre les forces? De même pour le mouvement. L'ordre de coexistence, si vous en faites autre chose que l'Espace, ne se conçoit pas, à tout le moins, sans l'Espace. Dirons-nous qu'il comprend les forces dans son sein? Non sans doute. Comment donc expliquer

---

duction exacte de celle du philosophe de Kœnigsberg, nous nous y refusons absolument. Autre chose est faire de l'Espace une forme de la Sensibilité avec Kant ; autre chose est en faire un sentiment. Une forme et une modification ne peuvent jamais être identifiées, alors même qu'elles ont ce caractère commun d'être subjectives. A la forme Kantienne appartient une préexistence tout au moins logique que le sentiment ne saurait avoir. La thèse de M. Huxley ne se recommande par aucun des avantages de la thèse criticiste ; ce n'est pas un développement de l'Esthétique transcendentale ; c'en est une déviation.

les changements d'intensité qui se produisent dans l'action des forces lorsque changent leurs directions respectives? L'auteur parle d'un changement dans l'ordre de coexistence des forces : en vérité, s'il supprime l'Espace objectif, nous ne le comprenons plus ; et nous croyons pouvoir le défier d'échapper à cette difficulté par tout autre moyen que l'Harmonie préétablie.

Quant aux objections tirées de l'emploi du levier et du rôle actif que Hégel prétendait attribuer au temps et à l'Espace en prononçant le mot fameux : le temps et l'Espace ont tué cet homme, nous y répondrons d'un mot seulement. Dans le premier cas, la puissance du bras augmente ou diminue avec la longueur de l'instrument parce que l'ouvrier met en action ou laisse perdre un nombre de forces plus ou moins considérable. Pour le second cas, nous nous permettrons de recommander aux partisans de Hégel l'étude de la Physique et de la Thermodynamique. Ils verront que la tuile élevée au faîte d'un édifice ne doit pas au Temps et à l'Espace la force qu'elle acquiert dans sa chute quoique le Temps et l'Espace nous donnent le moyen de l'apprécier; mais qu'elle est prête à développer une puissance égale à celle qu'il a fallu pour la porter au point qu'elle occupe, en luttant contre la pesanteur.

V CONCLUSION

Lacune laissée par les trois grands philosophes. Elle ne sera comblée que par les efforts combinés d'un physiologiste et d'un psychologue. — Espace de la Géométrie et de l'Entendement. Espace visible et tangible. Etendue visible. — Etendue tactile. — Etendue dans laquelle nous plaçons nos sensations. — L'Etendue subjective. — L'Etendue extérieure ou nouménale. — L'Etendue tangible composée d'étendue visible, d'attention, de comparaison, de temps, etc. — L'Espace est une construction mentale. — La Science ramenée à la mesure des lignes. L'Etendue visible étant donnée, notre activité forme de toutes pièces la notion d'Espace. — L'Infinité expliquée par la nécessité de ne pas nous contredire. La Nécessité ramenée à l'impossibilité de supprimer l'Imagination sans un appel à l'Imagination elle-même. — De la Nécessité découle l'Eternité qui est aussi objet de foi et non pas de perception. — Ici commence le rôle de la Raison. — L'Intuition n'est jamais adéquate à l'Idée; c'est la représentation indirecte et grossière de l'Infinité et de la nécessité. Elle donne seulement: Coexistence, Continuité, Homogénéité de parties. La notion d'Espace semble être plus qu'une simple Forme, puisque la Raison contribue à la développer. L'ordre relatif suppose l'ordre absolu. La cause de la Nature devenue dans l'esprit humain un simple mode d'imagination. Union du fini et de l'infini.

V. CONCLUSION

Les trois grands philosophes dont nous avons analysé les théories ont un trait de ressemblance : c'est, ou bien de dédaigner le rôle des Sens dans l'acquisition de l'idée l'Espace, ou bien de n'en désigner aucun, même lorqu'ils prétendent leur faire la plus large part.

La première remarque s'applique principalement à Descartes qui, fidèle à sa méthode, nous recommande comme le seul procédé légitime la vue claire de l'idée simple, et ne dit pas un mot de cette notion confuse de l'Étendue qu'il devait pourtant admettre en l'attribuant aux Sens et à l'Imagination.

Tout en professant cette opinion que les opérations sensitives jouent un rôle essentiel lorsqu'il s'agit d'expliquer l'origine de la notion d'Espace, Leibniz n'entre dans aucun détail précis sur l'action respective de chacun de nos sens.

Des allusions, des exemples donnent seulement à croire que, dans sa pensée, l'action prépondérante appartiendrait à la vue.

Il faut rendre cette justice à Kant que personne ne protesta jamais plus énergiquement que lui contre les philosophes qui dénient aux Sens leur influence légitime. Pour être juste encore, il faut bien ajouter que personne ne nous tient dans une incertitude plus profonde et plus gênante au sujet de l'apport respectif de chaque sens. Qu'on l'excuse tant qu'on voudra, et que l'on taxe de naïveté notre reproche, en nous rapppelant que, pour Kant, il ne s'agit pas de l'élaboration d'une idée avec le concours de toutes nos facultés, que l'Espace est une forme toute prête dans laquelle vient se mouler la Matière fournie par les Sens; toujours est-il que la Forme étant la même, la Matière ne l'est pas, et l'on pourrait le prier de préciser ce qu'il se plaît à noyer dans le vague. S'il est vrai de dire, comme il le pense, que nous ne créons pas l'Espace, que nous le refaisons, encore faudrait-il désigner ceux de nos Sens qui contribuent le plus à nous éclairer dans cette découverte.

Que d'observations minutieuses, que de patientes analyses devraient pratiquer le physiologiste et le psychologue, à quelles méditations devrait se livrer le philosophe pour combler la lacune laissée par ces illustres penseurs ! Certes ce n'est pas nous qui prétendons remplir un pareil office ; la conscience de notre faiblesse nous arrêterait dès le premier pas : nous exposerons seulement quelques considérations sommaires destinées à motiver notre opinion personnelle. Ce qui nous enhardit d'ailleurs dans l'accomplissement de cette dernière partie de notre tâche, c'est la conviction que les recherches consciencieuses ont ce résultat, de nous ramener au sentiment des plus beaux génies, après les avoir mis eux-mêmes d'accord sur les points essentiels, et qu'enfin l'œuvre la plus modeste, ainsi comprise, n'est jamais sans profit pour la philosophie du genre humain.

Descartes, Leibniz et Kant ont rejeté bien loin la distinction communément admise entre l'espace concret et l'espace abstrait. Rien de plus logique et de plus clair pour qui saisit l'esprit de la doctrine cartésienne. Sur ce point, les deux philosophes allemands se sont contentés parfois d'explications assez embarrassées, pour ne rien dire de plus (1).

Si nous nous permettons de faire la distinction de l'Espace concret et de l'Espace abstrait, malgré la recommandation de ces grands philosophes, c'est afin de leur donner raison en montrant que l'un ne saurait être séparé de l'autre.

Supposons donc d'abord l'espace extérieur à nous existant indépendamment des corps qui le remplissent, infini, éternel, nécessaire et absolu, en un mot l'Espace de la Géométrie et de l'Entendement. Supposons, d'un autre côté, l'espace visible et tangible tel qu'il est dans les différents corps dont il constitue une propriété, tel que

---

(1) De même que les corps sont transportés d'un lieu dans un autre, c'est-à-dire, changent d'ordre ; de même, les choses passent d'un nombre à un autre. La première devient la seconde, la seconde devient la troisième, etc., car le Temps et le Lieu ne sont rien autre qu'un certain ordre. — Il nous semble que Leibniz confond ici le nombre qui exprime l'ordre des choses avec l'ordre imposé aux choses elles-mêmes par le fait qu'elles sont dans l'Espace ou dans un lieu défini. Le nombre n'est par soi l'expression d'aucun ordre, si l'on n'a pas égard à la situation des choses dans l'Espace. On s'étonne que Leibniz n'ait pas vu par où pèche son argumentation. Il emploie des termes à double sens, mêle à plaisir les deux significations, et passe de l'une à l'autre sans tenir compte de la différence.

Kant reproche à Eberhard l'emploi de la distinction du concret et de l'abstrait, bonne seulement, dit-il, pour l'usage des notions, mais n'ayant aucun rapport avec les notions elles-mêmes.

(V. Réponse à Eberhard. B. en note.)

nous nous le représentons, toujours coloré, même en l'absence des corps, c'est l'espace de l'imagination, aussi bien connu du pâtre que du savant. Le premier serait dénommé proprement Espace, et le second recevrait le nom d'Etendue. Le premier serait doué d'expansion ; l'extension serait plus particulièrement un attribut du deuxième.

Si l'espace de l'Entendement et de la Science contient toujours un élément sensible, et ne peut devenir purement idéal et rationel sans cesser d'être lui-même, sans devenir l'Espace métaphysique de Clarke et de Newton, qui n'a plus rien de commun avec l'espace géométrique, il faut bien en conclure qu'au fond, il ne diffère pas de l'Espace des Sens et de l'Imagination, malgré les objections que l'on peut tirer des *incommensurables*, ou *quantités irrationnelles*.

Ces objections, d'ailleurs, sont-elles bien insolubles ? Qu'un nombre infini, expression de la réalité, ne soit pas et ne puisse jamais être actuel dans notre pensée trop courte pour l'atteindre et trop étroite pour embrasser la nature des choses, nous l'accordons. Mais aux choses concrètes répond forcément le nombre abstrait, et cette correspondance est rigoureusement adéquate. Cette proposition n'a rien d'étonnant pour ceux qui admettent avec Leibniz la divisibilité actuellement infinie de la matière. Ainsi, tout en disant que nous ne pouvons trouver exactement le rapport de la diagonale au côté du carré, parce que nous n'arriverions qu'à une évaluation approximative de $\sqrt{2}$; il faut bien accorder cependant que ce rapport existe puisque nous voyons le carré et la diagonale. Peut-être l'emploi d'un autre système de numération permettrait-il d'aboutir ; peut-être s'abuse-t-on sur la prétendue simplicité d'une loi qui, si l'on cherchait bien, se résoudrait elle-même dans des lois plus simples.

Sans prétendre définir rigoureusement l'Espace, les Géomètres nous disent qu'il a ses parties en dehors les unes des autres, et de plus, trois dimensions. Mais qui ne voit que des explications semblables supposent à tout moment l'idée d'espace connue d'une autre façon que par l'explication même ? Comprendra-t-on ce que sont des parties si l'on ne connaît déjà quelque chose de divisible, et par là d'étendu, et par là enfin de situé dans l'espace ? Parler de parties les unes en dehors des autres, c'est décrire l'étendue telle qu'elle est saisie dans la Perception extérieure. *Dehors, dedans...* tout cela suppose la connaissance sensible des corps. Quand nous disons que l'espace a trois dimensions, cela ne veut-il pas dire qu'en fait, nous avons toujours vu trois dimensions dans l'Etendue? La géométrie n'est donc pas une science purement idéale : elle part d'un fait : la perception de l'étendue dans la Sensation. Elle abstrait ce fait de tous les autres, mais elle n'en change pas pour cela la nature, ce fait est contingent, borné, d'une valeur discutable. Toutes les autres définitions de la Géométrie supposent la définition de l'Espace, qui elle-même comme nous l'avons vu, ne s'appuie que sur la représentation sensible. Sans l'Espace, et par suite sans l'Etendue, pas de volume et de surface ; sans la surface pas de ligne et de point ; sans la ligne et le point, pas de géométrie possible. Ainsi la Géométrie n'est idéale que dans les conséquences qu'elle tire de son principe : mais son principe est un fait sensible tout comme un autre.

Il faut donc interroger la Sensation et en tirer

les renseignements qu'elle peut nous donner sur l'Espace. Cette notion a pour origine les Sensations de la Vue, et les Sensations du Toucher. D'où l'on distinguera deux sortes d'Etendues : l'Etendue visible et l'Etendue tactile. Nous pourrions même en distinguer une troisième, c'est l'Etendue dans laquelle nous plaçons nos sensations.

Elle n'est probablement ni visible ni tangible : on ne peut nier néanmoins que nous n'ayons conscience d'une sorte d'étendue vague et obscure dans laquelle nous plaçons nos sensations : nous avons une perception confuse des différentes parties de notre corps soit extérieures, soit intérieures, et de leurs situations réciproques. Cette étendue n'a pas à proprement parler de dimensions : elle consiste simplement dans des rapports de distance et de direction. Oui, nous percevons la distance qui sépare les divers foyers de sensations, comme aussi la direction respective de ces sensations elles-mêmes.

Nous devons à la Vue la perception des couleurs. Si l'on nous dit que nous voyons les corps, on abuse des mots. Réduits au seul sens de la vue nous ne saurions pas seulement ce qu'on entend par corps ; car en réalité nous ne voyons que des couleurs diverses qui changent de rapports selon leur mouvement. Elles ont toutes deux dimensions : longueur et largeur, mais sont à des distances diverses dans l'Espace, ce qui constitue une troisième dimension : la profondeur. Remarquons pourtant que cette nouvelle dimension n'est pas inhérente à la couleur, elle semble plutôt inhérente à l'espace même dans lequel les couleurs s'étendent. Une même couleur suffit pour rendre la profondeur ; mais à la condition d'avoir différentes nuances.

Dans le cas de la Vision actuelle, nous percevons la profondeur. La question est de savoir si c'est là, oui ou non, un résultat de l'habitude qui aura transformé en acte spontané et irréfléchi un acte d'abord volontaire et conscient. Pour résoudre ce problème, il faudrait n'avoir jamais vu quoi que ce fût, et voir tout à coup. A supposer que la perception de la profondeur fut contenue dans ce premier acte de vision, il en faudrait conclure que nous percevons réellement l'Espace comme distinct des objets. L'exemple célèbre de l'aveugle opéré par Cheselden semblerait prouver que par la vue nous ne percevons qu'un seul plan (1) : des couleurs étendues sur le même plan, voilà donc ce que l'œil nous montre. Nous ne voyons pas les couleurs d'une part, et l'étendue de l'autre ; mais les couleurs et l'étendue indivisiblement unies. Une couleur inétendue n'est plus pour nous une couleur. L'esprit peut porter ici deux jugements divers sur l'objet de la vision ; il peut dire : ce que je vois est quelque chose d'extérieur à moi et de réellement existant que je perçois tel qu'il est. Ou bien : ce que je vois n'est qu'une modification subjective, produite en moi par une cause extérieure inconnue. Dans le premier cas, la couleur sera considérée comme quelque chose d'objectif, et par suite l'étendue, sans laquelle la couleur elle-même ne serait pas, passera pour une réalité objective dans laquelle la couleur est contenue. Ce premier jugement est porté tout naturellement par l'esprit : le vulgaire croit que la couleur est quelque chose de réel, d'indépen-

(1) Il n'y aura pourtant d'expérience décisive que si le sujet y voit pour la première fois. Le cas d'un homme qui recouvre l'usage de la vue, n'offre pas à l'induction une base assez solide.

dant de nous et d'inhérent aux objets. Mais de ce que ce jugement primitif s'impose tout d'abord, il ne s'ensuit pas qu'il soit juste de tout point. L'homme ne s'est-il pas trompé sur le système solaire, et n'a-t-il pas reconnu son erreur ?

Depuis Descartes, les savants et les philosophes ne considèrent plus la couleur que comme une modification du sujet voyant, sous l'action d'une cause extérieure inconnue qu'on peut appeler la chose en soi. — En effet la Physiologie contemporaine démontre que les nerfs ne diffèrent pas entre eux mais qu'il y a des différences entre les organes auxquels ils aboutissent. Nous percevons la modification de ces organes ; et la preuve, c'est que chaque sensation loin d'être produite par des propriétés ou des agents divers peut avoir pour cause un seul et même agent et de propriétés identiques. Le vieil axiome : les mêmes causes supposent les mêmes effets semble ici en défaut. Pour produire les cinq sensations de la vue, de l'ouïe, du tact, de l'odorat et du goût, il suffit d'une étincelle électrique, et cependant cette étincelle n'est point tour à tour dans la réalité couleur, son, odeur, etc....

Voici maintenant des causes différentes, comme la pression du doigt sur la partie latérale de l'œil, et un faible courant électrique : qui produisent le même effet, c'est-à-dire une lueur fulgurante.

Etudions le mouvement qui se propage dans les ondulations de l'éther, nous le verrons produire tantôt lumière athermale, tantôt chaleur obscure, et ces deux effets dépendent de la longueur des ondes éthérées. Que la chaleur obscure affecte notre peau sans frapper notre regard ; que la lumière nous éblouisse et laisse le sens du tact dans la plus entière indifférence, il n'en est pas moins vrai que, dans les deux cas, un seul et même mobile est soumis à des mouvements semblables, mais qui se propagent par ondes dont l'amplitude varie ; et les rayons de courte, moyenne ou grande longueur n'ont pas plus de lumière objective les uns que les autres. Mais parmi les vibrations moyennes des ondes éthérées, il est des degrés qui vont en décroissant du rouge au jaune d'or, au vert, au bleu et au violet. Mélangez maintenant ces couleurs, vous verrez des rayons très-divers produire la même impression sur la rétine ; vous en voyez plusieurs dont le concours forme le blanc, et cette couleur apparait de nouveau si vous les confondez tous.

Que saurions nous donc de l'essence des objets lorsque leurs propriétés elles-mêmes, de l'aveu des Physiciens, ne sont autre chose que l'aptitude de ces objets à produire certaines actions sur d'autres objets, comme le dit Helmholtz? Ce savant physiologiste a donc raison de conclure que les sensations doivent être regardées comme les *signes* sensuels de propriétés des choses autres que le moi.

En raisonnant sur ces données, nous dirons : La couleur subjective est étendue ou inétendue ; dans le premier cas son étendue est subjective comme elle, et se confond avec l'étendue dite de même nature ; si elle est inétendue, ce n'est plus une couleur et l'on ne s'explique pas comment une étendue inétendue placée dans l'étendue peut faire une étendue colorée.

Nous ne nions pas pour cela qu'il y ait une étendue hors de nous ; mais elle n'est pas la même que l'étendue visible, et nous n'en pouvons encore rien affirmer. Peut-être l'affection produite simultanément par la couleur sur plusieurs centres nerveux, expliquerait-elle la notion d'étendue subjective que nous objectivons ensuite. De même l'cœnesthèse, ou aperception de notre moi un et simple, expliquerait la notion du point qui mis en mouvement produit la ligne (1), etc., etc.

Ici la Physique vient à notre aide en nous démontrant que la couleur n'est qu'une modification du sujet voyant, sous l'action d'une cause extérieure qu'elle prétend d'ailleurs connaître et désigner : c'est le mouvement d'un fluide appelé éther. Ainsi, la chose en soi, cause objective de la couleur, est un mouvement de particules, un changement de rapports entre des particules situées quelque part..., nous sommes bien forcés de dire : *dans l'Espace*, quoique nous ramenions par le fait un terme bien gênant que nous prétendions éliminer. Nous voici donc obligés d'admettre deux étendues :

1º En nous-mêmes, l'étendue dans laquelle

---

(1) Les anglais Mill et Bain rejettent toute spéculation sur la substance des choses et font du moi, non pas une substance simple, mais une succession de phénomènes simples dont l'acte de conscience serait l'élément ou l'unité. Le moi est pour eux comme un point mathématique, indivisible, indécomposable, soustrait à l'extension.

nous voyons la couleur ; l'une et l'autre étant purement subjectives.

2° Au dehors de nous, une étendue invisible dans laquelle d'imperceptibles particules d'éther changeraient incessamment de rapports, étendue et particules d'éther purement objectives, et dont l'existence est hypothétique, et le sera toujours ; parce qu'il sera toujours impossible de soumettre à la vérification des Sens de semblables conceptions de l'Esprit. En tout cas, l'espace objectif étant conçu comme absolument passif et inerte, n'intervenant en rien dans la production des phénomènes, comment modifierait-il le sujet voyant au point de produire en lui la perception de l'étendue, de même que les mouvements éthérés l'ont modifié au point de produire en lui la sensation de la couleur ? Alors la perception de l'étendue ne serait pas comme la sensation de la couleur une modification de l'âme, parce que l'étendue ne saurait modifier l'âme en aucune façon. Elle doit avoir sa raison dans la constitution même de l'âme ou du sujet voyant, supposition qui nous ramène à Descartes, à Leibniz et à Kant, et nous offre des présomptions en faveur du grand système de l'Harmonie préétablie. L'étendue intérieure nous représente l'espace extérieur sans que l'espace extérieur agisse réellement sur l'âme.

Peut-être même aurait-on de la peine à trouver une hypothèse plus naturelle pour y rattacher les lois découvertes par la science contemporaine. On démontre que les Sensations sont entre elles, comme les logarithmes des excitations. On constate que la ressemblance et la différence des Sensations ne nous sont connues que par des comparaisons et des jugements ; mais elles sont soumises à des opérations mathématiques et se formulent par des nombres. De là Wundt conclut à l'identité fondamentale de la Logique et des Mathémathiques. Partout où nous trouvons des grandeurs, régnerait la loi qui règle le rapport du phénomène nouveau à la sensation. (1)

Demandons maintenant à un autre sens ce qu'est l'espace objectif, puisque la vue est im-

---

(1) V. E. H. Weber.— Renz et Wolf : *Vierordt's Archiv* (1854).
Fechner : *Elemente der Psychophysik*. 2 vol. 1860.
Wundt : *Menschen und Thierseele* t. 1.
Delbœuf : *Mémoires de l'Académie de Belgique* (Bruxelles 1873).

puissante à nous en donner l'idée. La tangibilité
dit M. Ad. Garnier, est pour nous l'élément
fondamental de ce que nous appelons la matière.
C'est au toucher, en effet, que nous devons la
connaissance des corps, et l'on pourrait l'appeler
le sens de la profondeur. Le physicien explique
les phénomènes de la lumière et de la chaleur
par les vibrations d'un fluide qu'il conçoit à l'image des corps tangibles ; le son, l'odeur et la
saveur proviennent pour lui du mouvement de
parties tangibles : et lorsqu'il parle de corps intangibles et impondérables, il se les représente
à peu près comme des fluides que pourrait
saisir un sens plus délicat que celui des hommes.
Les objets extérieurs avec lesquels notre corps
est en contact, nous font éprouver une sensation
particulière, indéfinissable, que nous appelons sensation du toucher. En réalité, l'élément de l'étendue est étranger à cette sensation ; et tant que les
objets extérieurs ne font que nous toucher, il n'y
a pas à proprement parler d'étendue. L'étendue
n'apparaît que lorsque je suis attentif à ma sensation et lorsque, par un mouvement intérieur,
pareil à celui que décrivent les objets devant la

vue, je me porte vers la partie de mon corps qui est en contact avec l'objet extérieur et je me décris à moi-même l'étendue visible occupée en même temps par l'objet extérieur et l'un de mes membres, mon bras par exemple. C'est donc l'activité de l'âme qui transporte l'étendue de la vue dans le toucher. Ce mouvement intérieur par lequel nous parcourons obscurément une sorte d'étendue mentale analogue à l'étendue visible, intervient également dans toutes nos sensations ; on en retrouve la première ébauche dans ce mouvement d'attention par lequel l'esprit parcourt successivement les différents points où passe un mobile. Nous remarquons donc un certain déploiement d'intelligence et de volonté. « Pour me représenter la synthèse de la diversité dans l'Espace, non-seulement il faut que je sois le sujet substantiel qui accomplisse le mouvement, au moins par l'imagination ; il faut encore que j'en conçoive, que j'en marque la fin, et que j'en veuille la direction (1)». Rien ne nous est distinctement intelligible en effet, avant que nous

---

(1) F. Ravaisson.

l'ayons décrite nous-mêmes dans un espace imaginaire. Mais ce mouvement intérieur peut être réalisé au dehors par la vue, lorsqu'après avoir touché un objet en fermant les yeux, nous les ouvrons tout à coup, pour porter notre attention sur les différents points en contact avec notre bras par exemple. Nous croyons alors que notre sensation est étendue, tandis qu'il n'y a d'étendu que l'espace à la fois visible et imaginaire dans lequel nous décrivons un double mouvement.

Jusqu'ici nous trouvons dans la sensation du toucher deux éléments : l'un passif, indistinct, indéterminé, inétendu, tenant au toucher proprement dit; l'autre, actif, dû à la vue soit imaginaire soit réelle. Mais le toucher a comme la vue son activité propre qui consiste dans le mouvement ; il prend alors le nom de tact ; il a pour organe principal la main, organe mobile par rapport à un point fixe de l'humérus, et qui nous sert à parcourir réellement l'étendue des objets extérieurs. Nous touchons une étendue L M, par exemple ; si nous en touchons une autre, soit

15.

M N, nous nous représentons la première dans l'espace, de même que nous nous représenterons M N quand nous passerons à N O etc. Mais comment distinguons-nous ces étendues identiques? C'est que nous supposons l'existence permanente de L M, M N etc, quand nous avons cessé de les toucher; c'est par l'addition mentale de cette série de sensations identiques que nous arrivons à former l'idée d'étendue tangible.

Dans ce mouvement prolongé, nous éprouvons une sensation particulière, et nous n'avons la conscience bien nette que d'un fait, à savoir la continuité de notre détermination volontaire, de notre effort, de notre sensation, toutes choses qui ne supposent pas l'étendue. Mais parmi tous ces éléments, l'un s'efface de plus en plus, tandis que l'autre disparaît tout à fait; c'est la sensation et l'effort. Quand nous mettons en mouvement notre main, sans qu'elle rencontre de résistance, nous n'éprouvons aucune sensation nouvelle, et les mouvements de l'étendue visible suivent facilement notre détermination volontaire ; l'intermédiaire de l'effort est supprimé. La sensation de la main reste la même, à vrai dire, mais celles des nerfs moteurs du bras changent à chaque instant. Donc : continuité de la même détermination volontaire ; sensations successives, différentes selon la position que le bras occupe autour de l'épaule, et selon qu'il y a contraction ou distension des nerfs : mouvements décrits dans l'étendue visible ; attention à la fois continue et successive appliquée à ces mouvements, tels sont les éléments que jusqu'ici il est facile de reconnaître. L'attention est continue, en ce sens, que le souvenir de chaque point et de chaque sensation correspondante est conservé pendant tout le temps que dure le mouvement ; elle est successive, parceque l'attention ne s'arrête pas à un seul point de l'espace, mais qu'à chaque moment du temps, elle conçoit un point d'espace comme autre que le point considéré dans l'instant précédent.

L'étendue tangible ne se compose donc jusqu'ici que *d'étendue visible, d'attention, de comparaison, de temps* etc., et si cette étendue est objective, c'est là certes une objectivité dont, il faut l'avouer, nous avons formé la meilleure part. (1)

Nous devons au toucher la notion de la longueur et de la largeur des corps. En touchant un objet, nous décrivons sur l'étendue visible diverses lignes que nous suivons par l'attention, et en comparant ces lignes diverses, nous concevons les directions de longueur et de largeur.

Comment donc la notion de profondeur nous vient-elle du même sens ? Tant que nous touchons des objets résistants, une semblable no-

---

(1) « Nous n'apercevons rien distinctement, sinon sous ces conditions de l'étendue que Stahl appelait la *figurabilité*, rien sauf l'action même par laquelle nous apercevons. Et ce sont des attributs de sa propre action que représente à l'esprit comme étalés en une image plus grossière, le miroir de la nature. Comment entendrions-nous l'étendue, la répétition, la pluralité sinon par l'unité, dont en cette action seule nous prenons conscience. « Notre âme, dit Pascal, jetée dans le corps où elle trouve nombre, temps, dimension, raisonne là-dessus, et ne peut croire autre chose. » Rien de tout cela pourtant ne lui est intelligible que par ce qui lui vient de son propre fonds. »
(Ravaisson — Rapport sur les progrès de la Philosophie, p. 211.)
Nous proposons ces graves paroles aux méditations des Physiologistes qui commencent par réduire l'Etendue à n'être qu'une représentation, un état du sujet, pour en faire plus tard une chose réelle, une propriété de l'objet. Ils ramènent tout aux Sensations, montrent que les sensations sont en dernière analyse, la seule explication possible du monde extérieur, et s'efforcent ensuite de rendre compte des sensations par les organes. Tel est le cercle vicieux où s'enferme à chaque instant le célèbre Müller. Ses partisans pourraient-ils nous dire par quel procédé légitime ils arrivent à voir dans les organes eux-mêmes autre chose que des groupes de sensations ?

tion ne peut évidemment être acquise, puisque notre main ne peut alors se mouvoir que dans le sens de la longueur ou de la largeur. L'idée de profondeur naîtra donc du mouvement de la la main qui cesse de rencontrer de la résistance, ou n'en rencontre aucune, ou bien encore réunit autour d'un objet différents points des articulations qui la composent. Dans le premier cas, nous palpons un plan dont nous atteignons bientôt la limite ; l'effort cesse avec la résistance, et nous nous représentons un plan qui en coupe un autre. Dans le second cas, la main tournant sans résistance autour de l'épaule, la vue d'abord, puis les sensations diverses que nous éprouvons, nous avertissent du mouvement ; nous traçons en imagination les différentes lignes parcourues par la main, opération impossible si nous n'imaginions plusieurs plans pareils au plan unique que la vue nous fait connaître, mais se coupant en divers sens. C'est toujours l'esprit attentif qui compare, juge, raisonne et construit l'espace avec ces éléments.

Voici donc l'étendue tangible ramenée à l'étendue visible. Pour être scientifiquement appréciable, il faut que chaque phénomène ait subi cette préalable opération.

Aux phénomènes extérieurs les sciences cherchent à substituer des lignes mesurables, et à la force inétendue ou quantité intensive qui affecte le tact, le mouvement rendu visible et appréciable par des lignes dont le nombre exprime la grandeur. Ainsi l'avait compris Aristote lorsqu'il disait : la nature étant le principe du mouvement et du changement, nous devons étudier le mouvement sous peine d'ignorer à jamais la nature. Ainsi le comprirent les grands novateurs du XVIe et du XVIIe siècle qui firent bien plus pour consolider le péripatétisme véritable que pour l'ébranler. Descartes demandait de l'Etendue et du Mouvement pour faire le monde. Galilée parlait à peu près dans les mêmes termes qu'Aristote : « le monde n'étant que mouvement, ignorer les lois du mouvement c'est se condamner à ignorer la Nature » (1). Képler enfin : « Savoir, c'est mesurer » (2).

---

(1) V. Opere di Galileo Galilei, IV, p. 171 et passim.

(2) « Comparatio est mensuratio : mensurare est scire. » Kepleri opp. t. 372, Ed. Frisch; cf. Id. ib. 1, 31-32.

Pour que nous arrivions à un résultat scientifique dans le sens technique et rigoureux du mot, il faut que l'élément inétendu et tangible soit remplacé par le mouvement étendu et visible. L'existence de la matière ne nous est connue que par le toucher : mais c'est une matière douée de force, et dont nous ne savons rien, tant que nous n'avons pas figuré et mesuré la quantité intensive par laquelle elle se manifeste. Aussi nous nous la représentons, autant que possible, sous la forme de l'imagination, et nous cherchons à étendre dans l'espace visible la matière que le toucher nous fait connaître.

C'est grâce à cette substitution que nous rangeons les variations quantitatives des sensations de température, de pression, de mouvement, de son, de lumière, de fatigue, sous une loi qui deviendrait la loi universelle de la sensibilité si l'on pouvait un jour y faire entrer les deux sens chimiques : l'odorat et le goût.

Nous ne dirons qu'un mot de l'étendue de distance, parce qu'elle nous rappelle sensiblement celle dans laquelle nous plaçons des objets visibles à des intervalles divers. Nous arriverons à savoir comment nous localisons nos sensations si nous remarquons tout d'abord, que nous n'avons jamais une sensation unique : nous sommes toujours par plus d'un point en contact avec le monde extérieur. Nous pouvons donc, à chaque instant, établir une comparaison entre nos diverses sensations. Ainsi, je pose les deux mains sur une table de marbre ; j'ai deux sensations qui sont à la fois identiques et différentes. Je puis prêter mon attention à la sensation L ou à la sensation M, ou bien la prêter à toutes deux en même temps. En outre, pour aller de l'une à l'autre, je décris une sorte de mouvement idéal, et c'est ce mouvement qui me représente la distance qui sépare mes deux sensations. Si je lève un bras, je remarque la disparition de la sensation L par exemple, et j'en viens à croire que la raison de cette sensation est dans mon bras. Qu'il en soit de même pour les diverses parties de mon corps, et avec l'habitude, je finirai par désigner presque infailliblement le point de l'étendue visible ou tangible dans lequel se trouve la raison d'une sensation.

En résumé, rien dans l'Espace lui-même et

dans la façon dont nous en acquérons l'idée, ne nous autorise à croire qu'il est objectif. Notre activité en forme l'idée de toutes pièces, étant donnée l'étendue visible, laquelle est, ce semble, subjective. Nous serions donc portés à considérer l'Espace comme la forme dans laquelle nous nous représentons nos sensations, quand nous sommes soumis à l'action d'une cause que nous appelons la nature ou le monde extérieur. Comment les différentes actions des forces extérieures, en modifiant le moi produisent-elles les différentes figures et les différents mouvements qui viennent se peindre sur le voile intérieur de l'étendue, et que nous contemplons du sein de notre conscience en prenant comme les prisonniers de Platon ces ombres éphémères et insaisissables pour des réalités vivantes et éternelles ? C'est là un grave problème que nous serions tentés de résoudre avec Descartes et Leibniz en admettant que l'esprit porte en soi la ressemblance des choses, et que la Sensibilité est une représentation confuse (1).

(1) Cette explication a le grand avantage de ne pas séparer d'une façon trop tranchée les facultés qui paraissent, selon certaines théories, former autant d'âmes distinctes dans l'âme humaine.

Nous expliquerons la notion d'Espace, non pas par l'Étendue, mais par la possibilité de l'Étendue. L'Infinité de l'Espace ne sera autre chose que la nécessité de ne pas nous contredire. Car, affirmer qu'au delà de l'Espace s'étend encore l'Espace, c'est avouer que la quantité, partout où on la suppose, porte avec elle son essence, consistant en relations de parties. Penser autrement, c'est aboutir, tôt ou tard, à des théories qui portent le germe de cet aphorisme absurde : L'Esprit peut concevoir la quantité absolue, et détacher de toute relation ce qui est essentiellement relatif. Quant à nous figurer l'anéantissement de l'Étendue et de l'Espace, c'est une entreprise parfaitement vaine et stérile pour des êtres soumis sans cesse à l'action de causes qui provoquent en eux le phénomène de l'Étendue, et leur révèlent l'Espace qui semble les envelopper. Nous ne devons donc qu'à l'imagination le type de l'anéantissement de l'être : c'est un espace obscur, ténébreux, dans lequel nous embrassons les sensations ou actuelles ou possibles.

L'Éternité de l'Espace est une conséquence de

sa nécessité ; l'une et l'autre ne sont pas objet de perception, mais bien de foi. Ces attributs regardent la croyance et non pas la science : car jamais personne ne les a perçus (1).

(1) Celui qui prétend le contraire, soutient, par le fait, qu'il remplit l'immensité de l'Espace et qu'il perçoit autre chose que ce qui est actuel. On peut voir comment l'école allemande dite *nativiste*, essaie de justifier la première assertion (article de Johnson dans les Philosophische Monatshefte, t. VIII, livraison 4 et 5.)

Un professeur d'un rare mérite, M. Ad. Garnier, a exposé et défendu avec talent un système dont il est impossible de ne pas tenir compte. La théorie de la Perception extérieure immédiate qu'il tient de l'école Ecossaise, reçoit de rudes atteintes de la Physiologie contemporaine. Peut-être la critique philosophique ne traitera-t-elle pas avec plus de faveur la doctrine de la Perception extérieure immatérielle.

Descartes, Leibniz et Kant ne veulent pas que l'on distingue deux sortes d'étendues, l'une concrète et l'autre abstraite. M. Garnier en distingue trois :

1° L'Etendue concrète ou corporelle. 2° L'Etendue abstraite ou mathématique. 3° L'*Espace pur* dont nous devons la connaissance à une faculté appelée du nom singulier d'*Intuition pure extérieure*. Intuition, parce qu'elle est une vue de l'esprit, aussi directe et aussi immédiate que la vue qui s'exerce par les organes corporels, et parce qu'elle n'opère point par déduction. — Qu'est-ce donc alors ? demanderons-nous — Est-ce une induction rationnelle ? une croyance ? ou une perception ? On la dit *pure* parce qu'elle n'emploie pas l'intermédiaire des corps ; *extérieure* enfin, parce qu'elle saisit des réalités extérieures à l'esprit. L'auteur ajoute : *A propos des étendues tangibles ou visibles que les sens nous font connaître, nous percevons qu'il y a un espace qui contient ces corps*. Il y a ici perception parce que nous affirmons l'existence de l'espace ; la conception ne s'applique qu'aux objets dont on n'affirme pas l'existence.

Les embarras de cette théorie ne diminueront pas si nous voulons considérer les relations des divers Espaces. Ainsi, l'Espace pur semble renfermer :

1° L'Etendue corporelle avec tout le cortège des qualités premières et secondes ; le monde, soit fini, soit infini.

2° Les esprits finis qui conçoivent l'Etendue mathématique.

3° L'Esprit infini, doué en apparence des mêmes attributs que l'Espace pur, et dont les rapports avec cet Espace sont assez mal déterminés pour que l'on puisse se demander toujours si l'un est la propriété ou la substance de l'autre. Dans le premier cas, on se heurte aux difficultés qui rendent insoutenable l'hypothèse Newtonienne. Dans le second, la différence entre l'Espace et Dieu est purement nominale.

Par là l'Espace relève de la Raison ; car l'Intuition reproduit d'une façon imparfaite et grossière l'Infinité et la Nécessité de l'Espace ; elle n'est jamais adéquate à l'idée qu'elle voudrait représenter. Tout ce qu'on obtient c'est la coexistence, la continuité et l'homogénéité des parties.

Peut-on admettre, en tout cas, que cette notion soit réductible à une simple forme, lorsque la raison contribue pour une si large part à son origine ? Si nous ignorions complétement l'infini véritable, si nous n'en apercevions au moins quelque lueur, nous n'aurions jamais l'idée de l'infini imaginaire, si imparfait soit-il, et il ne nous serait jamais donné de le concevoir. Quel ordre des coexistants, quelle relation entre les possibles pourrait persister, sans un lien par lequel ils sont suspendus pour ainsi dire à l'Être véritablement infini ? La moindre comparaison ne suppose-t-elle pas une Raison supérieure d'où dépendent non-seulement les coexistants, mais encore les possibles ?

L'impossibilité de l'infini actuel conclue de l'imperfection de nos facultés, de nos signes et de nos moyens d'expression toujours trop courts pour embrasser les choses dont ils devraient donner l'idée, est une affirmation tranchante qui s'accorde mal avec la modestie d'une philosophie fondée sur l'expérience. Nier l'infini actuel parce que nous ne pouvons l'enserrer dans des formules mathématiques et donner pour son expression adéquate les symboles destinés à le représenter, c'est fonder un dogmatisme étrange sur un principe plus étrange encore. En effet, un nombre qui exprimerait l'infini s'en rapprocherait à ce point qu'il n'en serait plus le symbole, mais se confondrait avec lui. C'est le même cas que celui des quantités imaginaires ; si vous trouviez leur expression adéquate, nous n'aurions plus besoin de la formule célèbre : $a + b\sqrt{-1}$; nous saurions ce qu'elles sont (1).

Mais comment la Cause de la Nature devient-elle dans l'esprit humain un simple mode d'imagination ? Voilà un problème bien difficile à résoudre, et si ardu, qu'il surpassera toujours, peut-être, les forces des plus beaux et des plus puis-

(1) Dans son livre sur le *Matérialisme et la Science*, M. E. Caro a fait ressortir avec force les inconséquences d'un système qui ne reconnaît d'abord que l'expérience, et affirme ensuite le néant de tout ce qui dépasse les données de l'observation.

sants génies. Tenons-nous en toutefois à ce principe solidement établi : Les choses étendues et successives elles-mêmes, relèvent de l'infini, tout en empruntant au Temps et à l'Espace leur image et leur forme. Nous l'avons bien compris par l'analyse de l'âme humaine et de ses facultés, de cette âme qui, selon l'expression des anciens philosophes, fut créée sur l'horizon du Temps et de l'Eternité; et par cela même a certaines opérations qui tombent sous la forme du temps, et d'autres qui lui sont supérieures. Si nos esprits, en essayant de scruter ces idées, sont toujours entourés comme d'un nuage, c'est qu'avec nos facultés créées pour les choses contingentes et relatives, nous voulons saisir l'Immensité qui est la négation même de tous ces rapports essentiels à la notion d'Espace. L'Etre immense n'est pas partout ; à proprement parler, il n'est nulle part.

La notion d'Espace entraine toujours avec elle l'idée de négation et de limite. L'immensité nie ces négations, et renverse toute borne. L'étendue semble s'opposer à l'affirmation suprême par ce qu'elle a de négatif et de limité, mais en subissant sa loi. Car tout être nous paraît un merveilleux assemblage d'infini et de néant, et fait éclater dans ce mystérieux hymen la vérité de la divine parole : « *In eo vivimus, movemur et sumus !* »

FIN

Vu et lu à Paris, en Sorbonne,
le 29 Décembre 1874,
Par le Doyen de la Faculté des Lettres,
PATIN.

Vu et permis d'imprimer,
Le Vice Recteur de l'Académie de Paris,
A. MOURIER.

NOTE

Il nous semble que l'embarras de l'auteur, ses tergiversations, ses tentations avortées, lorsqu'il veut démontrer le principe de causalité, constituent une présomption assez grave contre son système.

Voyez, par exemple, l'Analytique des principes. Seconde analogie : Principe de la succession des temps suivant la loi de la Causalité.

Il s'agit d'établir la légitimité universelle et nécessaire du principe de Causalité, et de réfuter par là le scepticisme de Hume.

Voici les premiers termes de la déduction Kantienne qui servent d'ailleurs de prémisses à la démonstration de tous les principes de l'entendement pur.

Les choses n'existent pour nous, qu'autant que nous pouvons les penser. Une chose qui, par hypothèse, ne pourrait être pensée, serait pour nous comme si elle n'existait pas. Les conditions de la possibilité de la pensée sont donc pour nous les conditions de la possibilité des choses. En d'autres termes, les lois de la pensée et les lois des choses sont identiques. Or, la

Pagination incorrecte — date incorrecte

pensée n'est possible que par l'unité des intuitions dans le temps. Si donc nous pouvons démontrer que l'unité des intuitions dans le temps n'est possible que par le principe de causalité, nous aurons par là même démontré que ce principe est, pour l'entendement et pour la nature, une loi universelle et nécessaire.

Il se formule ainsi : Tout phénomène est nécessairement lié à un autre phénomène qui le précède suivant une règle constante. Mais, remarquons-le, cette liaison n'est pas nécessairement actuelle dans la conscience empirique ; elle est seulement possible dans une conscience en général. Parce que deux phénomènes A et B se succèdent dans mon expérience présente, cela ne veut pas dire que A soit nécessairement la cause de B. La seule chose que je puisse affirmer, c'est que si B se reproduit dans une expérience quelconque, il sera nécessairement précédé de quelque autre phénomène X, auquel on pourra le relier. Par conséquent, je puis affirmer encore que dans l'expérience présente elle-même, cet X s'est produit avant B, mais rien ne m'autorise à croire qu'il soit identique à A.

La première preuve mise en avant par Kant est celle-ci : Quand j'observe que les phénomènes se succèdent les uns aux autres, je réunis deux perceptions dans le temps. Cette liaison est le produit d'une faculté synthétique de l'imagination qui détermine le sens intime, quant au rapport de temps. Mais l'imagination peut unir d'une manière identique ces deux états, tellement que l'un ou l'autre précède dans le temps. J'ai conscience seulement que mon imagination place l'un avant, l'autre après, et non que dans un objet un état précède l'autre. Afin donc que ces phénomènes soient connus comme déterminés, il faut que le rapport entre les deux états soit connu comme déterminé ; il faut que le rapport entre les deux états soit conçu de telle manière qu'il soit comme nécessairement décidé par là, lequel de ces deux états doit être placé avant, lequel doit être placé après, et non réciproquement.

En vérité, nous craignons de ne pas comprendre la pensée de Kant, bien que nous la rapportions telle qu'il l'a exprimée lui-même. Nous avons peine à croire qu'il ait pu se faire illusion sur la valeur de la preuve que nous venons d'exposer, si tant est que cette preuve soit véritablement la sienne. Comment, en effet, peut-il se persuader qu'il a démontré le principe de causalité, lorsqu'il a seulement constaté que nous ne pouvons confondre la succession objective des phénomènes extérieurs avec la liaison arbitraire de nos représentations subjectives? Si deux faits se succèdent dans ma perception, comme un mouvement que je fais et un son que j'entends, il en résulte évidemment que je ne puis imaginer le mouvement avant le son, ou que, si je l'imagine, je n'en continue pas moins à penser que dans la réalité, c'est-à-dire dans la perception, le son a été précédé par le mouvement. Est-ce à dire pour cela que je regarde le mouvement comme la cause et le son comme l'effet ? Toute succession de phénomènes objectifs serait alors pour nous une succession nécessaire : or, ce n'est que dans certaines circonstances toutes spéciales, que nous relions un phénomène à son antécédent comme un effet à sa cause. Kant n'a donc prouvé qu'une nécessité subjective et temporaire, et non une nécessité objective et permanente : car autre chose est démontrer que dans telle expérience je me représente nécessairement A comme succédant à B, autre chose est démontrer que dans toute expérience possible, on doit nécessairement se représenter A comme succédant à X, que cet X soit d'ailleurs perçu ou non actuellement dans son rapport avec A.

Les paragraphes 277, 278, 279 qui suivent dans la Critique de la Raison pure le paragraphe 276, lequel contient la preuve du principe de Causalité, ne font que reproduire sans la modifier beaucoup, la théorie de deux successions, l'une arbitraire et par suite subjective, l'autre nécessaire, c'est-à-dire imposée par une sorte de contrainte intellectuelle, et par suite objective.

Au paragraphe 280, la preuve est complètement altérée : « Il faut donc que dans ce qui précède en général un évènement, se trouve la condition de la règle selon laquelle cet évènement suit toujours et nécessairement. C'est pourquoi de cela seul que ce qui suit est quelque chose, il faut nécessairement que je le rapporte à quelque autre chose qui précède et qu'il suit conformément à une règle, c'est-à-dire nécessairement, de sorte que l'évènement comme conditionné, implique avec certitude une condition par laquelle il est déterminé. »

Il ne s'agit plus ici de deux évènements dont l'un précède l'autre dans l'expérience actuelle, de telle sorte que je me les représente nécessairement dans leur ordre de succession réel : il s'agit d'un évènement qui succède à plusieurs évènements en général. Tout à l'heure nous avions A et B, maintenant nous avons d'une part A + B + C + D, etc., et de l'autre E. Nous l'avons vu, Kant a démontré que si B succède à A, nous ne pouvons imaginer que A succède à B, sans penser en même temps que ce n'est là qu'un jeu de notre imagination sans réalité objective. Il n'a pas démontré ce qui était en question, à savoir que B devait être considéré comme succédant nécessairement à X, dans toute expérience possible. Or le voici qui déclare que lorsqu'un phénomène quelconque E succède à plusieurs phénomènes A + B + C + D, il doit être nécessairement conçu comme succédant selon une loi à l'un de ces phénomènes antécédents, soit A, soit B, soit C, etc., ou même à quelque autre phénomène X ou Y, dont la perception n'a pas été actuelle dans l'expérience présente, mais dont la perception est pourtant toujours possible comme celle de A et de B eux-mêmes.

Il est clair qu'il se trompe, s'il prétend que cette seconde assertion est équivalente à la première. Voyons cependant la preuve qu'il en donne au § 281. Supposons qu'un évènement ne soit précédé de rien qu'il puisse suivre conformément à une loi ; alors toute succession de la perception ne serait que dans l'appréhension *i. e.* d'une manière subjective seulement, et il ne serait pas du tout décidé objectivement par là quelle chose doit suivre dans les perceptions. Nous n'aurions de cette manière qu'un jeu de représentations qui ne se rapporteraient à aucun objet.

En premier lieu, nous ne voyons pas pourquoi toute succession de la perception nous paraîtrait subjective si chaque évènement ne suivait pas son antécédent d'après une loi. La même nécessité qui nous impose les phénomènes objectifs, nous impose leur ordre de succession : de même que A étant présent dans la perception, je ne puis le confondre avec *a* que mon imagination me représente, de même A et B se succédant dans la perception, je ne puis confondre leur ordre de succession avec celui de *a* et *b* que mon imagination se représente indifféremment *a b*, *b a*. Mais les idées de loi et de cause ne jouent ici aucun rôle. Ces idées n'apparaissent que lorsque se pose cette question : Si ce phénomène se reproduisait dans une autre expérience, serait-il précédé des mêmes antécédents que dans l'expérience présente, et par mêmes antécédents il faut entendre non les mêmes antécédents perçus, mais les mêmes antécédents perceptibles.

En second lieu, nos représentations internes sont des évènements tout comme les perceptions externes : à ce titre, elles sont soumises elles aussi, dans leur succession, à la loi de Causalité. Mais c'est précisément cette loi qui, selon Kant, nous permet seule de distinguer l'objectif du subjectif, l'un étant le domaine de la succession nécessaire, l'autre de la succession arbitraire. Que si le subjectif et l'objectif sont également soumis à la même loi, toute distinction s'évanouit.

En consultant le § 286, on verra les deux preuves mêlées l'une à l'autre.

Quand j'aperçois que quelque chose arrive, dit Kant, cette représentation implique d'abord que quelque chose précède, puisque ce n'est précisément qu'à cette condition que le phénomène acquiert un rapport de temps, ou qu'il existe par rapport à un temps passé, dans lequel il n'était pas encore. Mais il ne reçoit dans ce rapport sa place de temps déterminée qu'en supposant dans un état passé, quelque chose que suit toujours ce phénomène, i. e., conformément à une règle. D'où il résulte d'abord que je ne puis intervertir la série en mettant avant ce qui vient après, *secondement* que, posé l'état antérieur, cet évènement déterminé arrive immanquablement et nécessairement.

Ce d'*abord* est une allusion à la première preuve qui ne vaut, comme nous l'avons vu, que pour l'expérience actuelle. Ce *secondement* se rapporte à la deuxième preuve qui n'est au fond que la reproduction de la première, et qui par suite, ne démontre pas non plus une loi nécessaire de toute expérience possible. La seule chose que Kant ait ajoutée dans cette deuxième preuve, c'est que si les phénomènes se suivaient dans un ordre indifférent, ils ne formeraient pas une succession dans un objet déterminé (Cf. §§ 288, 289.)

La démonstration de Kant n'est donc qu'un assemblage de preuves incomplètes, ou qu'une série d'allusions à des preuves possibles qui ne sont données nulle part.

Voici, croyons-nous, les divers moments de sa prétendue démonstration.

1º Distinction de la liaison nécessaire dans la perception, et de la liaison arbitraire dans l'appréhension.

2º Valeur objective donnée à la perception par la liaison nécessaire.

3º Confusion de la liaison nécessaire dans une perception actuelle avec la liaison nécessaire dans toute perception possible.

4º Par suite, confusion de la liaison nécessaire pour nous ou pour notre entendement, avec la liaison nécessaire en soi ou pour les phénomènes ;

5º Supposition tacite que dans une expérience quelconque, la cause ou antécédent est actuellement donnée dans son rapport avec l'effet ou conséquent.

6º Détermination *a priori* des places des phénomènes dans le temps, soi-disant nécessaire, pour que l'ordre et l'enchaînement trouvés *a priori* dans la forme de l'intuition interne ou dans le temps soient retrouvés par l'entendement dans la série des perceptions possibles.

Après ces tentatives impuissantes on ne comprend que trop pourquoi le fantôme de David Hume tourmentait sans cesse la pensée de Kant.

ÉTUDE
SUR LA
NOTION D'ESPACE
d'après
DESCARTES, LEIBNIZ ET KANT

TABLE DES MATIÈRES

PAGES

AVANT-PROPOS 1

I. DESCARTES

Méthode. — Point de départ. — Le Corps, l'Etendue, l'Espace. Le Plein. L'Infini. La méthode des Géomètres appliquée à la Métaphysique. — Descartes a tout entrevu, même le Dynamisme............ 1

II. LEIBNIZ

Leibniz. — Ce qu'il doit aux philosophes français : Descartes, Pascal, Bayle, Nicole, J. B. Duhamel. — Matière et principe substantiel. - Matière première et Matière seconde. — La Force. — La Monade. Perception, Apperception et Appétit. L'Étendue. — Différence de la Masse et de l'Espace. — Défaut du langage de Leibniz. — Erreur de ses interprètes. Euler et M. Magy. — La correspondance avec Clarke. L'Espace *Sensorium* de Dieu. L'Espace attribut. L'Espace substance. Le Vide ; le Néant. — Le Principe des indiscernables. Le Principe de l'universelle intelligibilité. — Côtés faibles de la critique leibnizienne. — Retour offensif de Clarke. Esprit exclusif des deux adversaires 31

III. KANT

La Critique de la Raison pure. — L'Esthétique transcendentale. — Double exposition de l'Idée d'Espace : l'une métaphysique ; l'autre transcendentale. — L'Intuition. — L'Espace abstrait et l'Espace concret. — L'Espace : intuition pure. Preuve par les paradoxes.

Le langage de Kant. — Il se met en opposition avec Descartes sur la question des qualités premières et des qualités secondes. — Côtés faibles du Criticisme : on ne sait jamais de quel Sens il s'agit. — Kant n'a pas démontré que l'Intuition ne doit rien aux Sensations. Contradictions sur les rapports du Temps et de l'Espace. — M. Taine et M. Magy. — Difficulté d'accorder la priorité au Temps ou à l'Espace. Contradiction de Kant dans l'examen du système de Leibniz. Il le réfute dans l'Analytique transcendentale. Il finit par l'approuver dans la réponse à Eberhard. L'Amphibolie transcendentale. La perte mutuelle.

La thèse de Leibniz se maintient contre les attaques de Kant. Au fond, la théorie de l'un diffère peu de celle de l'autre. La doctrine leibnizienne bien comprise arrête la lutte de la Raison contre elle même dans les Antinomies. — La quantité extensive et la quantité intensive. — En déclarant que la forme pure de l'Intuition est illimitée, Kant suppose ce qui est en question. — La nécessité de l'Espace, en tant que distincte de la contingence des Sensations, est une simple hypothèse que rien ne peut vérifier. — Postulat de toute la théorie Kantienne : *Les Sensa-*

tions peuvent être actuelles, en tant que sensations, sans que nous en ayons la moindre conscience.................... 75

IV. COMPARAISON
DES
DOCTRINES

Divers sens du mot Espace. — Analyse des idées d'Etendue et d'Espace pur. — Quatre caractères de l'Etendue réductibles à deux. — Caractères métaphysiques de l'Espace pur : Infinité ; Nécessité. — Nature de l'intuition primitive qui sert d'origine et de fondement à l'Idée d'Espace. — Comparaison entre Descartes, Leibniz et Kant. Idée innée de Descartes. Ordre de Leibniz. Formes de Kant. Les deux reproches de Kant à Leibniz. Est-il vrai qu'il ruine la nécessité des vérités géométriques ?... A-t-il jamais pris les Monades pour des êtres en soi constituant l'Espace ?... Explique-t-il les caractères que nous reconnaissons à l'Espace pur ? — Dans son système l'infinité n'est pas actuelle. Nécessité

non expliquée, fondée en Dieu. — Moins
de difficultés, en somme, que dans la
théorie Kantienne. — Qu'est devenue
cette théorie dans le livre de la Science
et de la Nature ?.................... 143

V CONCLUSION

Lacune laissée par les trois grands philosophes. — Pour la combler, il ne faudra pas moins que les efforts combinés d'un physiologiste et d'un psychologue. — Espace de la Géométrie et de l'Entendement. Espace visible et tangible.

1° Étendue visible.

2° Étendue tangible.

3° Étendue dans laquelle nous plaçons nos sensations.

Étendue subjective. — Étendue objective ou nouménale. Étendue tangible composée d'étendue visible, d'attention, de comparaison, de temps, etc. — L'Espace est une construction mentale. La science ramenée à la mesure des lignes. L'étendue visible étant donnée, notre activité forme de toutes pièces la notion d'Espace.

PAGES

L'infinité n'est que la nécessité de ne pas nous contredire.
La Nécessité résulte de l'impossibilité de supprimer l'Imagination sans faire appel à l'imagination.
De la Nécessité découle l'Eternité qui est aussi objet de foi, et non de Perception. La Raison intervient ici. — L'intuition n'est jamais adéquate à l'idée ; c'est la représentation indirecte et grossière de l'Infinité et de la Nécessité. — Elle donne seulement : *Coexistence*, *Continuité*, *Homogénéité des parties* — La notion d'Espace est donc plus qu'une simple forme, puisque la Raison contribue à la développer. L'ordre relatif suppose un ordre absolu. — La Cause de la nature devenue dans l'esprit humain un simple mode d'imagination. — Union du fini et de l'infini.................................... 199

Note unique................................... 243

www.ingramcontent.com/pod-product-compliance
Lightning Source LLC
Chambersburg PA
CBHW070618170426
43200CB00010B/1833